RÉVEIL MATINAL,

VIE MAXIMALE.

RÉVEIL MATINAL, VIE MAXIMALE.

Tu commences ***QUAND***
à vivre ***VRAIMENT****?*

Xavier CLAIN.

ISBN: 979-86-710-8857-1

Dépôt légal : Août 2020

À tous ceux qui n'ont pas le luxe de pouvoir essayer.

TABLE DES MATIÈRES

AVANT-PROPOS

Avant qu'on ne rentre dans le vif du sujet, je dois te prévenir de certaines choses primordiales pour que tu ne sois pas surpris dans ta lecture.

Parlons déjà du tutoiement. Je te rassure, j'ai été bien éduqué et ce n'est pas dans mes habitudes de tutoyer les gens que je ne connais pas. Si j'ai choisi de le faire dans ce livre c'est parce que je l'ai écrit comme si j'avais une discussion avec un ami. Un ami à qui je tiens et dont j'estime qu'il a besoin d'entendre des choses, peut-être pas agréables, mais nécessaires pour qu'il se bouge et avance dans sa vie. Le sujet est trop important et les conséquences trop lourdes pour que je me permette le luxe de la distance du vouvoiement.

Je te préviens tout de suite: ces choses pas agréables ne le sont VRAIMENT pas, de par le ton ou le vocabulaire que j'utilise. Ne sois pas choqué et ne le prends pas personnellement. Encore une fois, je t'écris comme je parlerais à un ami qui a besoin d'être secoué et, surtout, comme je me parle à moi-même tous les jours pour m'empêcher de retomber dans le piège de la médiocrité. C'est le genre de discours qui m'a valu ce commentaire de Cédric, un de mes abonnés sur Instagram: *"Tu es si rude avec toi-même, c'est incroyable."*. Le ton est donné.

Aussi, j'espère que tu comprendras que, par commodité, j'ai tout rédigé au masculin. Il aurait été compliqué pour moi, et lourd, pour toi, que je précise à chaque fois les deux genres. Si tu le lis en tant que femme, ne te sens surtout pas exclue et ne considère pas que les conseils ne s'appliquent pas à toi. Le temps qui passe se fout de ton sexe. Du coup, moi aussi. C'est sans distinction de genre que je te secoue pour te pousser à vivre ta vie MAXIMALE.

Enfin, tu trouveras intercalés entre les chapitres des témoignages que j'ai récoltés auprès de personnes qui ont l'état d'esprit aligné avec celui de ce livre, c'est à dire, se réveiller tôt pour se donner les moyens de vivre pour de vrai au lieu d'enchaîner des journées banales et ennuyeuses à mourir (littéralement).

Ce sont des personnes que j'ai eu la chance de rencontrer au gré de mon aventure entrepreneuriale sur Internet ou qui ont relevé mon challenge *"Réveil matinal, vie maximale"* (tout est sur xavierclain.com). C'est un challenge d'une durée de 28 jours consécutifs qui consiste à planifier et vivre ce que j'appelle un réveil maximal, c'est à dire un matin sur-mesure dédié à ton développement grâce à l'atteinte de plusieurs objectifs personnalisés et pertinents (évidemment je t'explique comment faire dans ce livre).

J'espère que tu trouveras ces témoignages aussi inspirants que moi et qu'ils te pousseront à passer à l'action. Tu verras que la plupart d'entre eux évoquent un confinement. Je te rassure, je ne les ai pas séquestrés pour le challenge. Je ne suis pas rude à ce point. C'est juste que tout ceci s'est déroulé pendant la pandémie du Covid-19 en début d'année 2020. D'ailleurs, sache que tu peux entendre ces personnes revenir sur leur expérience dans mon podcast "Réveil matinal, vie maximale" disponible sur toutes les plateformes de streaming audio.

Maintenant que j'ai clarifié tout ça, on peut se lancer.

À tout de suite.

Xavier.

INTRODUCTION: LE PIÈGE CONFORTABLE

« Il est des moments où il faut choisir entre vivre sa propre vie pleinement, entièrement, complètement, ou traîner l'existence dégradante, creuse et fausse que le monde, dans son hypocrisie, nous impose. »
Oscar Wilde.

L'horrible vision devenue réalité.

En 1964, après avoir visité l'exposition universelle à New-York, le célèbre auteur de science-fiction, Isaac Asimov imaginait ce que pourrait être le monde de 2014 dans un article paru dans le New-York Times[1].

Il avait eu faux sur quelques prédictions qui ne se sont pas encore réalisées comme les voitures flottantes, une base lunaire ou un centre de contrôle de la population mondiale.

1 Visit to the World's Fair of 2014, Isaac Asimov, New York Times, 16 Août 1964 - https://cutt.ly/rmvm-asimov

Par contre, il avait vu juste sur une grosse majorité d'entre elles. Il avait, par exemple, prédit les voitures autonomes capables de se déplacer *"sans interférence des réflexes lents d'un conducteur humain";* les smartphones qui permettent de voir les personnes qu'on appelle, d'étudier des documents ou de lire des passages de livres; ou encore la cuisine facilitée grâce aux plats préparés ou aux robots cuiseurs.

Ses prédictions ne se sont pas cantonnées à l'invention et à l'utilisation de nouveaux gadgets. Il avait aussi prédit des bouleversements profonds dans notre société, qu'on vit aujourd'hui même.

Il avait deviné que l'inégalité et la mauvaise répartition des richesses dans le monde continueraient en déclarant: *"Toute la population mondiale ne profitera pas pleinement du monde des gadgets de l'avenir. Une plus grande partie qu'aujourd'hui en sera privée, et, même si leur situation matérielle sera peut-être meilleure qu'aujourd'hui, ils seront plus en retard par rapport aux régions avancées du monde. Ils auront reculé, relativement".*

Il avait prédit la disparition de l'effort physique de notre quotidien: *"la gadgetisation continuera à soulager l'humanité des tâches fastidieuses".* Il annonçait notamment: *"Pour les déplacements de courte distance, les trottoirs mobiles feront leur apparition dans les sections du centre-ville"* . Même si ces trottoirs n'existent pas encore sous cette forme, ils sont remplacés dans le principe par les escalators, les tapis roulants ou encore les trottinettes électriques qui pullulent dans les villes, comme si l'idée même de marcher était devenue répugnante.

La prédiction la plus frappante d'Isaac Asimov est aussi la plus terrifiante: *"Malgré cela, l'humanité souffrira gravement de la maladie de l'ennui, maladie qui s'étend chaque année de plus en plus largement et qui s'intensifie. Cela aura de graves conséquences mentales, émotionnelles et sociologiques, et j'ose dire que la psychiatrie sera de loin la spécialité médicale la plus importante en 2014. Les quelques chanceux qui peuvent être impliqués dans le travail créatif de n'importe quelle sorte seront la véritable élite de l'humanité, car eux seuls feront plus que servir une machine."*

Frappant de justesse. En mars 2017[2], l'OMS estime que la dépression est le premier facteur de morbidité et d'incapacité sur le plan mondial. La maladie touche 300 millions de personnes, ce qui représente une augmentation de 18% entre 2005 et 2015.

Ce qui semblait de l'ordre de la science fiction il y a 50 ans est devenu notre quotidien.

Facilité et ennui: les 2 boulets qui te coulent.

On ne vit pas à la même époque que celle de nos parents ou de nos grands parents. Les progrès sont rapides, constants, impressionnants et tous destinés à nous faciliter la tâche.

À tel point que la facilité devient la norme dans tous les domaines. Il est beaucoup plus facile de se déplacer, de se nourrir, de se divertir, de se former, de se faire des amis et bien d'autres choses encore. La nécessité de faire un effort physique ou mental disparaît peu à peu.

Or, la facilité mène à l'ennui. Si tu ne t'impliques pas dans quelque chose de stimulant par le biais d'un effort perceptible, tu t'en lasses très vite. Tu t'ennuies.

À contrario, quand tu fais face à un challenge intéressant, tu peux y passer des heures sans t'en rendre compte dans l'espoir d'en retirer la fierté de l'avoir relevé. En résumé, tu peux t'attaquer à un puzzle de 1000 pièces ou 40 puzzles de 25 pièces. Même si la finalité et le total sont les mêmes, tu resteras stimulé plus longtemps et tu retireras une plus grande satisfaction du premier alors que tu t'ennuieras très vite à enchaîner les petits sans gloire.

---

2 Communiqué de l'Organisation mondiale de la santé datant de Mars 2017 - https://cutt.ly/rmvm-rapport-oms-depression

La facilitation galopante des conditions de vie fait que tu existes dans une société de puzzles de 25 pièces. Tu t'y ennuies constamment. Du coup, dans l'espoir vain de te se sentir stimulé en continu, tu te sens obligé de passer d'une occupation à l'autre dès que la monotonie pointe le bout de son nez.

Et là, pour toi, dont les capacités d'attention, la persévérance et le goût pour l'effort ont été anesthésiés par des décennies de choix faciles; pour qui discipline et détermination sont presque devenus des gros mots, le divertissement continu apparaît comme la solution miracle.

La société l'a bien compris et se charge de satisfaire ton besoin perpétuel d'excitation avec la télévision, les services de streaming, les applications en tout genre, l'offre pléthorique de jeux vidéo et la myriade de sites d'achats en ligne. Ouf! Tu es sauvé. C'est tout autant de puzzle de 10 pièces que tu peux enchaîner à l'infini sans faire d'efforts pour ne pas mourir de lassitude.

Sauf que cette société de distraction et de confort dans laquelle on te chouchoute depuis tout petit contribue à créer une forte propension à la gratification immédiate. Tu n'as plus aucune résistance à la frustration. Si tu n'es pas stimulé immédiatement, tu passes à autre chose.

J'exagère? Alors dis moi si ce que tu vas lire te rappelle quelque chose. Tu es enfin posé tranquillement après ta longue journée où tu as enchaîné dans le rush, les transports, le travail, les corvées, les enfants, les imprévus, etc. Tu te détends en regardant une série, quand ton téléphone se met à vibrer. Bien sûr, tu ne résistes pas au besoin d'aller voir LE truc nouveau qui s'est passé dans ton réseau. Finalement, c'était juste une notification banale d'une appli de carte de fidélité. Seulement, maintenant que tu as ton téléphone en main, tu fais, presque par réflexe, le tour de tes applis. Tu tombes, évidemment, sur une vidéo mignonne/inspirante/choquante (raye les mentions inutiles) et tu veux en savoir plus sur la personne qui l'a postée. Tu consultes son profil et navigues de photos en photos quand tu reçois un message d'un groupe de discussion. Tu vas y répondre sans attendre, et là, **BOOM!** Une explosion à la télé te fait sursauter et te rappelles que tu étais en train de "suivre" un épisode que tu as déjà raté à moitié. J'ai visé juste?

Devoir recommencer un épisode parce que tu as été distrait pendant plusieurs minutes n'est qu'un exemple parmi d'autres de ton addiction aux stimuli. Est-ce qu'il ne t'arrive pas trop souvent de sortir ton téléphone au restaurant alors même que tu es en tête-à-tête avec quelqu'un? Pour toi, un bon film n'est-il pas un film où *"on ne s'ennuie pas"*? Une vidéo qui ne t'a pas capté dans les 10 premières secondes a-t-elle la moindre petite chance avec toi? Même quand il s'agit de rencontres, la stimulation reste reine. Les applications se développent autour du fait que tu ne cherches même plus à rencontrer quelqu'un pour ses valeurs mais bien parce que la demi-seconde pendant laquelle son image a imprimé ta rétine t'a donné un shot de curiosité.

L'ennui est devenu un tel problème dans nos sociétés modernes qu'il s'y est infiltré jusque dans une de ses fondations: le travail. On le constate déjà à l'échelle d'une carrière. Changer de boîte comme de voiture, au gré des opportunités ou des affinités, est devenu banal. Là où tes grands-parents faisaient le même métier toute leur vie sans trop se poser de questions, tu peux maintenant te réorienter et connaître plusieurs carrières qui n'ont rien à voir les unes avec les autres. Mais l'ennui au travail c'est aussi à l'échelle de la journée avec ce qu'on appelle le bore-out: le fait de faire une dépression par manque de stimulation. Un sondage récent[3] a montré que 63% des français s'ennuient au travail. Même s'ils sont 71% à considérer que leur travail n'est pas sans intérêt, 50% d'entre eux seraient prêts à accepter un travail moins bien payé mais plus stimulant.

---

3 Sondage réalisé entre le 13 et le 20 février 2019 auprès des 4,5 millions de candidats sur Qapa.fr. Parmi ces candidats, 52% d'entre eux sont des non-cadres et 48% sont des cadres. Profils : 51% de femmes et 49% d'hommes.- https://cutt.ly/rmvm-boreout

Le confort: ton meilleur ennemi.

Que l'ennui te mine et te pousse à rechercher la distraction permanente pose deux problèmes graves. Le premier est que cette situation siphonne goulûment les ressources précieuses que tu as pour construire ta vie: ton temps et ton argent. Le second est que, puisque tu enchaînes des activités peu stimulantes et inutiles, tu t'encroûtes dans une situation de stagnation confortable. Tu te perds et cherches un sens à ta propre vie.

Le confort n'est pas l'ami de ton développement. Il t'endort au propre comme au figuré. Tu ne vois pas ta vie passer parce que tu enchaînes des soirées tardives où tu ne fais absolument rien de constructif pour toi. Et quand arrive le matin, tu exploses ton réveil pour retarder au maximum le moment où tu devras te taper une nouvelle journée qui ne sera qu'un copier-coller aussi ennuyeux que la précédente.

Le confort est néfaste pour ton corps. Si tu ne le combats pas, tu t'exposes à de graves problèmes de santé liés à la sédentarité et au surpoids. En 2015, une étude[4] menée par Santé Publique France sur un échantillon de population de 18 à 74 ans montre que 54% des hommes et 44% des femmes sont en surpoids ou obèses. Ces valeurs sont en évolution constante depuis le début des années 2000. L'organisation mondiale de la santé estime même que d'ici 2030, ce sont 3,3 milliards de personnes (30% de la population de la planète) qui souffriront d'obésité. C'est mauvais.

Le confort est addictif. Tu t'y accroches parce que tu souffres d'avance en pensant à ce qui t'attend si tu osais t'en éloigner un peu. Le truc c'est que, pendant que t'es trop occupé à stagner, les heures, les journées et les années défilent. Résultat? Tout évolue à vitesse grand V autour de toi, mais pas toi.

---

4 Etude ESTEBAN 2014-2016 – Chapitre corpulence : stabilisation du surpoids et de l'obésité chez l'enfant et l'adulte. - https://cutt.ly/rmvm-ESTEBAN

Réponds franchement. Est ce que tu es vraiment très différent de la personne que tu étais il y a 5 ans?

Je ne te parle pas de tes possessions matérielles. Ça, tout le monde s'en fout. Je te parle de ce qui compte vraiment: ta santé, ton état d'esprit, tes habitudes, tes relations, tes accomplissements, ton héritage…

Tu peux vraiment dire sans sourciller que t'as tout donné pour t'améliorer sur tous ces points ces 5 dernières années?

Si c'est oui, BRAVO. Tu peux refermer ce livre dès maintenant. Il ne t'apportera rien de plus.

Toujours là? Alors, je t'invite à lire la suite avec attention.

Tu es câblé pour réussir .

Tu vois ce mal être que tu ressens parfois? Ce sentiment en tâche de fond qui t'inspire que quelque chose ne va pas? Cette sensation encombrante de stagnation qui se rappelle à toi et que tu penses tuer en allumant la télé? C'est ta nature qui s'exprime parce que tu es codé pour évoluer. C'est inscrit en toi, dans ton ADN, ton cerveau, ton esprit ou peu importe comment tu appelles cette chose qui lit et décrypte ces mots. Tu reçois sans arrêt le message de ne pas rester sur place et de t'améliorer.

D'ailleurs, cette motivation à nous dépasser a été schématisée dans les années 1940 par le psychologue américain Abraham Maslow sous la forme d'une pyramide qui décrit une hiérarchisation des besoins en 5 niveaux:

- ***Niveau 1 - les besoins physiologiques:*** c'est ce qui correspond à tes besoins de base pour survivre (manger, boire, dormir…).
- ***Niveau 2 - les besoins de sécurité:*** c'est ce qui te pousse à rechercher un environnement stable et prévenant contre les dangers physiques ou psychologiques.
- ***Niveau 3 - les besoins d'appartenance:*** qui te poussent à être aimé, compris, écouté et rechercher l'approbation des autres.

- ***Niveau 4 - les besoins d'estime:*** qui motivent tes actions pour acquérir la reconnaissance des autres, un statut et de la confiance en toi.
- ***Niveau 5 - les besoins d'accomplissement*** sont ceux qui te poussent à te dépasser, te cultiver, te former et t'exprimer par ta créativité pour atteindre ton plein potentiel.

Quand tu satisfais les besoins d'une catégorie, ceux de la catégorie supérieure s'expriment et te poussent à entreprendre des actions en vue de les satisfaire à leur tour.
Si tu peux te permettre de lire ce livre, je suppose que c'est parce que tes besoins physiologiques et de sécurité sont comblés. À moins d'être complètement isolé, tes besoins d'appartenance sont largement comblés par le fait que tu sois entouré de tes proches aussi bien dans ta vie réelle que virtuelle. Tes besoins d'estime, eux, sont comblés par tout ce qui te donne du pouvoir, du succès ou de la reconnaissance. Ça peut être ton salaire, ta belle maison, tes vêtements de luxe ou encore l'argent que tu donnes à des associations.

La boule au ventre que tu ressens, c'est ton besoin d'auto-réalisation qui se manifeste. C'est ton propre esprit qui te pousse à passer outre le point de vue des autres pour jauger seul l'estime que tu te portes. C'est ton besoin d'avoir confiance en toi en montant la dernière marche de la pyramide de Maslow. Sauf que cette marche-là fait l'effet d'un mur tellement elle est haute. La gravir va te demander de faire une profonde introspection, de dompter tes peurs, de mobiliser une discipline de fer, d'abattre un travail de titan et de faire preuve d'une persévérance infaillible. Rien que ça.

Pas étonnant que tu te chies dessus quand t'y penses, t'as déjà même pas le courage de prendre les escaliers au lieu des escalators.

Alors, pour éteindre cette petite voix, tu te jettes sur ce que te donne la société pour satisfaire en boucle tes besoins des niveaux 3 et 4 en espérant que ton besoin d'accomplissement du niveau 5 disparaisse un jour. Sauf que ça n'arrivera jamais.

Tu ressentiras toujours ce besoin d'épanouissement et si tu ne t'attaques pas au problème dès maintenant, tu le regretteras amèrement plus tard. Fais le ménage dans les messages que tu t'envoies à toi-même et laisse cette voix te porter vers un vrai épanouissement.

Tu n'es pas ici juste pour te lever du mauvais pied, aller au travail à reculons, payer des factures et te gaver de conneries à la télé pour oublier que ce sera ta vie pendant 50 ans.

Attention, je n'essaie pas de te vendre du rêve. Je ne vis pas dans le monde des Bisounours. Bien sûr que tu dois payer tes factures et te divertir: c'est la vie. Seulement, ça ne doit pas se résumer à cela. Sinon, ça s'appelle de la survie. Benjamin Franklin l'a très bien résumé avec sa célèbre citation: *"La plupart des gens meurent à 25 ans mais ne sont enterrés qu'à 75"*.

Je suis sûr que tu connais dans ton entourage ce genre de personnes ennuyeuses à mourir, déjà mortes à l'intérieur, dont la vie se résume à juste à réagir à ce qui se passe.

Au lieu d'agir pour elles, elles passent leur temps à se révolter de ce qu'il leur arrive, que ce soit au travail, avec leurs amis, leurs collègues, leurs partenaires ou, pire, le gouvernement. Mais si, je suis sûr que t'en connais. C'est tatie Germaine qui va tourner en boucle sur la caissière qui ne lui a pas dit bonjour. C'est ton pote Marcel qui est vert de rage que l'âge de la retraite soit décalé de 3 mois. C'est Jean-Claude de la compta qui va passer un après-midi à écrire au siège de la cantine de ta boîte parce qu'il a pas eu ses frites ce midi. C'est le genre de personnes qui ne montre aucun signe ou volonté d'évolution. Elles excellent à deux choses: 1) perdre leur temps bêtement, 2) trouver des excuses bidons pour éviter de se pencher sur le vide qui les ronge. C'est le genre de personnes qu'il ne faut surtout pas être/devenir (pitié!) et à fuir. Ce sont ces personnes là qui seront enterrées avec leurs rêves et leurs regrets tardifs.

D'ailleurs, c'est exactement pour cette raison que le cimetière est l'endroit le plus riche au monde. C'est au cimetière que sont enterrées toutes ces personnes avec leurs rêves, victimes de leur faiblesse. C'est au cimetière que tu trouves les livres qui n'ont pas été écrits, les inventions jamais fabriquées, les entreprises jamais créés, les remèdes jamais découverts, les acteurs qui n'ont pas dit un mot devant la caméra ou les chanteuses qui n'auront jamais tenu un micro.

Ne t'inflige pas cette horreur. Tu sais que tu vaux mieux que ça. Tu sais que tu dois aspirer à beaucoup mieux que la situation dans laquelle tu es. Écoute tes tripes, elles ne mentent pas.

Je vais te donner un argument supplémentaire irréfutable pour te pousser à évoluer: tu l'as déjà fait. Dans ta vie, jusque là, tu t'es déjà fait violence pas mal de fois pour évoluer et ça t'a toujours apporté des avantages massifs.

Tu ne savais pas marcher, tu as évolué pour apprendre. Tu te vois te promener à quatre pattes à 42 ans? Ridicule.

Tu ne savais ni lire, ni écrire, tu as évolué pour apprendre. Tu imagines vivre dans ce monde sans maîtriser ces deux compétences? Le cauchemar.

Tu ne savais pas conduire. Tu as évolué pour apprendre (éventuellement) parce que tu savais que tu en aurais besoin pour t'adapter à ce monde.

Tu remarqueras que toutes ces évolutions étaient poussées par un besoin profond et guidées par des mentors qui étaient là pour s'assurer que tu réussirais. Tu vas devoir reproduire ce schéma en réfléchissant à ce dont tu as vraiment besoin (on verra ça au chapitre 8) et en devenant toi-même la personne qui s'assurera de ton succès grâce à l'autodiscipline (tu verras comment la construire au chapitre 6). Tu n'imagines pas le potentiel qui dort en toi pendant que tu te complais dans cette vie de confort sans chercher à évoluer ni à gagner en compétences, connaissances ou expériences.

Tu as subi le poids de ton vécu.

À ce stade de ta lecture, j'aimerais tout de même te rassurer sur un point. Tu n'es pas coupable d'être dans cette situation. Elle est le résultat d'un nombre incalculable de choix que tu as fait à travers un prisme de connaissances, de croyances et d'un système de pensées qui ont été façonnés par des éléments extérieurs à toi depuis ta plus tendre enfance. Tu as suivi la voie qui était tracée pour toi sans en explorer d'autres parce que tu ne savais pas qu'elles existaient. L'ignorance et les croyances limitantes t'ont mis des oeillères.

Je peux l'illustrer avec un exemple personnel. Mon père a été sous-officier au sein d'un régiment d'artillerie pendant 17 ans. Il a quitté l'armée alors que je n'avais que 4 ans et j'ai grandi avec cette éducation stricte empreinte de valeurs, de respect et de discipline. Aux alentours de mes 16 ans, quand il a fallu que je me penche sur mon avenir, il était évident pour moi que je devais lier ma passion pour le pilotage d'avion avec une carrière militaire. J'ai fait des recherches et j'ai compris que pour réaliser ce rêve je devais devenir officier en intégrant une école supérieure à 10 000 km. J'habitais sur l'île de la Réunion à l'époque. Et c'est pile à ce moment là qu'ont déboulé toutes mes croyances limitantes. Tout d'abord, celle que les officiers étaient une classe de gens à part et que ce statut se transmettait par filiation. Ridicule? Oui. C'est bien la puissance d'une croyance limitante: se faire arrêter par ton cerveau qui pense des conneries. Aussi, à cette époque où Internet en était à ses balbutiements, sans pouvoir me renseigner plus en détail (oui, je suis en train de me trouver des excuses dans le présent), intégrer une telle école me paraissait impossible sur le plan logistique et matériel. Je n'ai donc pas creusé plus loin et j'ai laissé tomber sans creuser l'affaire avec mes parents. Deux ans plus tard, lors de ma rentrée en classes préparatoires aux grandes écoles, j'ai découvert que mes croyances étaient infondées. Ces écoles étaient bel et bien ouvertes à tous sur concours et il existait, en plus, des aides financières de l'état pour s'y rendre. Bien trop peu préparé à la difficulté des épreuves d'entrée, je n'ai pas réussi à intégrer ces institutions et mon rêve s'envolait pour la seconde fois.

Et toi, si tu y réfléchis quelques instants, arrives-tu à identifier une ou plusieurs décisions basées sur des mauvaises croyances et qui ont fait que tu es cette personne précise aujourd'hui?

Comme si les croyances limitantes n'étaient pas suffisantes pour tuer ton potentiel dans l'oeuf, il y a autre chose qui t'a influencé et qui continue de le faire au quotidien. Il s'agit du poids écrasant de notre société qui a besoin d'employés modèles et de consommateurs frénétiques.

"Travaille à l'école, crée une famille, achète une maison et vis ta vie paisiblement sans te poser de questions". Voilà ce à quoi on est conditionnés et ce que 97% des gens reproduisent.

Comment veux-tu t'écarter du modèle quand à aucun moment on t'apprend qu'il existe des milliers d'autres voies d'épanouissement, des milliers d'autres voies qui vont nourrir ta grandeur au lieu de l'étouffer?

À aucun moment, dans ta vie d'enfant ou d'adulte on t'apprend les compétences essentielles pour vivre une vie excitante, relever des défis et te dépasser comme par exemple:

- Maîtriser tes émotions,
- Gérer ton budget,
- Être à l'aise avec l'inconfort,

- Gérer ta peur et ton stress,
- Construire ta discipline,
- Faire face à tes échecs,
- Te former intelligemment et constamment,
- Être productif,
- Créer de bonnes habitudes,
- Te nourrir de façon à vraiment péter la forme,
- Communiquer efficacement,
- T'auto-coacher,
- etc…

Rien de tout ça, et pour cause; la société a besoin de tourner alors elle crée de parfaits petits engrenages.

Moi, je t'encourage à devenir la machine. Comme dans Matrix.

Je veux que tu te débranches et que tu voies la réalité comme elle est. Libère toi de tes habitudes de consommateur et arrête d'être spectateur de ta propre vie. C'est douloureux mais indispensable. Jusque là, tu étouffais la petite voix qui te poussait à grandir sous des tonnes de distractions futiles pour ne pas avoir à faire face à la réalité. Tu dois arrêter. MAINTENANT.

Tu es responsable de ce qu'il te reste à vivre.

Oui, bien sûr que ça fait peur. Je vais pas te dire le contraire.

C'est terrifiant de se dire qu'il va falloir chambouler toutes tes habitudes pour révéler ton potentiel. Ça l'est, parce que tu te sens en sécurité dans cette zone que tu connais bien avec tes petites routines pépères. Comme tu n'as pas l'habitude de relever des challenges, tu es pétrifié et tu trouves mille excuses pour ne pas le faire:

- "J'ai pas le temps" (ma préférée, j'adore la démonter, tu verras au chapitre 3).
- "J'ai toujours fait comme ça"
- "Que va dire ma famille? Que vont dire mes amis? Que vont dire les gens?"
- "J'ai pas les moyens de me lancer"
- "C'est pas le bon moment"
- "Bla bla bla…"

Si tu réagis ainsi, j'ai une bonne et une mauvaise nouvelle pour toi. La bonne c'est qu'il t'arrivera jamais rien. La mauvaise c'est qu'il t'arrivera jamais rien. C'est la même chose pour un bateau. S'il reste au port, il est en sécurité et évite toutes les tempêtes mais en même temps il ne verra jamais rien de l'immensité et de la beauté de l'océan.

Jusqu'à présent, tu n'étais pas coupable de ta situation. Tu subissais un envoûtement de ton éducation et de tes croyances qui t'ont amené au point où tu en es aujourd'hui. Seulement, en te les dévoilant, j'ai cassé immédiatement le pouvoir qu'elles avaient sur toi. C'est exactement comme quand on te dévoile la combine d'un tour de magie. D'un seul coup, ton enchantement s'envole et tu te sens bête de t'être fait avoir par un truc aussi évident. Maintenant que tu sais que tu dois toujours remettre en question tes croyances, que ce qui est établi n'a pas besoin de le rester, que tu peux obtenir quasiment ce que tu veux en faisant ce qu'il faut, tu vas devoir agir en conséquence. **À partir de l'instant précis où tu lis ces mots, tu deviens responsable à 100% de tes choix, des attentes que tu as envers toi-même et de ta vie.** Tu as perdu le droit de te cacher derrière des excuses. Désormais, tu sais que ta situation n'est pas gravée dans le marbre et qu'il est possible de changer les choses pour atteindre une vie plus épanouie et pleine de sens.

Si tu ne décides pas consciemment des buts que tu souhaites atteindre, comment veux-tu arrêter de stagner?

Ne t'attends pas à ce qu'un commando d'élite défonce ta porte et vienne te secouer sur ton canapé pour te rappeler de te bouger. Ça n'arrivera jamais. D'une part, parce qu'ils ont autre chose à foutre, d'autre part, parce que cette méthode n'est en rien efficace. Si tu veux devenir une meilleure personne, c'est à TOI de le décider. Si tu le fais pour rendre des comptes à quelqu'un d'autre, c'est voué à l'échec. C'est parce que tes motivations sont tiennes que tu parviendras à développer une autodiscipline, à la tenir dans le temps et à tout éclater dans ta vie.

Je vais même aller plus loin en te disant que, pour moi, c'est une question de dignité et d'honneur. Si tu restes les bras croisés après avoir lu ce livre, c'est comme si t'étais un lion qui attend sagement de faire son prochain numéro de cirque alors que sa cage est grande ouverte.

RUGIS, BORDEL!

Sors de cette cage! Va explorer les possibilités quasi infinies de ta vie et, par pitié, arrête de t'ennuyer.

Ne gâche pas tout.

Tu sais quelle est la probabilité que tu sois vivant et que tu sois précisément la personne que tu es? La réponse[5] est 1 chance sur $10^{2685000}$. Ce nombre ne te parle pas et c'est normal. Ton esprit ne peut même pas concevoir à quel point il est grand. Juste pour que tu puisses comparer, sache qu'il y a dans TOUT l'univers 10^{80} atomes. Là on parle de 30000 fois ce chiffre. Bon, ok, même-là ça te parle pas. En fait, c'est comme si 2 millions de personnes (tout Paris intra-muros) jouaient aux dés avec un dé à 1000 milliards de faces et qu'elles tiraient toutes exactement le même numéro. Tu te rends compte à quel point c'est impossible que ça arrive? Pourtant, c'est arrivé, et ça a donné toi.

Ta vie est trop précieuse pour que tu la laisses défiler sans chercher à la contrôler. Elle est beaucoup trop précieuse pour que tu la laisses dériver au gré de ta flemme et de ta faiblesse. Tu dois en prendre la responsabilité totale et la transformer dès maintenant.

Comment tu peux avoir la moindre idée de ton potentiel de grandeur si tu le laisses crever devant TF1 ou Netflix?

Engage toi à ne plus accepter la médiocrité.

Engage toi à chercher au moins l'excellence dans chaque aspect de ta vie.

Rappelle toi que la complaisance c'est vivre dans le confort, maintenant, et dans le regret, plus tard.

Je reçois, chaque jour, des messages alarmés de gens qui ont eu, trop tard, le déclic que je veux provoquer en toi maintenant avec ce livre. Crois moi, ce n'est pas une situation que tu as envie de vivre. Elles sont désespérées.

---

5 Quelles étaient les chances que tu existes, en tant que toi, aujourd'hui? - https://cutt.ly/rmvm-chance-exister

Fais-le aussi pour les autres.

Et si jamais tu avais besoin d'un argument supplémentaire, sache que si tu le fais, c'est aussi pour les autres.

Les autres, c'est d'abord les personnes sur qui tu peux avoir de l'influence à travers tes paroles et tes actes, parfois sans même le savoir. Cette communauté peut être plus ou moins grande selon qui tu es et ce que tu fais dans la vie. Par exemple, Barack Obama a un cercle d'influence gigantesque par rapport à celui du boucher du coin. Mais une chose est sûre: on a tous de l'influence au moins sur sa famille, ses amis, ses collègues ou même ses clients.

C'est pour toutes ces personnes qui peuvent te prendre en exemple que tu dois chercher constamment à t'améliorer et devenir un modèle de réussite personnelle. Tu te dois de le faire pour que leurs vies deviennent meilleures soit en t'imitant, soit en se reposant sur toi. Que tu le veuilles ou non, ta vie est un message capté par des dizaines de personnes.

Tu peux même être le modèle de certaines personnes sans en avoir la moindre idée.

Tu as déjà remarqué comme tu modifies ton comportement quand tu sais qu'on t'observe? Tu fais plus attention à tes gestes, à ce que tu dis, à tes réactions. Considère que tu es observé H24 parce que c'est le cas. Tu dois donner l'absolu meilleur de toi-même pour influencer positivement ton entourage. En prenant la décision courageuse d'assumer la responsabilité de ta propre vie, tu vas t'affirmer de plus en plus et apparaître pour tes proches comme un phare en pleine mer pour les guider et comme un pilier solide sur lequel ils pourront s'appuyer.

Mais il n'y a pas que tes proches.

Les autres, ce sont aussi toutes ces personnes qui n'ont pas eu ta chance de naître dans un pays riche ou qui subissent un quotidien horrible à cause d'une maladie grave ou simplement ceux qui ont été arrachés trop tôt à cette vie.

Si tu lis ce livre, c'est que tu as le luxe de pouvoir disposer de ton temps, sans craindre pour ta sécurité, couvert de vêtements propres et assuré de ton prochain repas.

C'est un luxe dont je profite, comme toi, tous les jours.

C'est un luxe dont je prends conscience, tous les jours.

Il existe, dans ce monde, au moment où tu lis ces lignes, des personnes qui se battent littéralement pour survivre. C'est la réalité.

Ce luxe, elles en rêvent éveillées. Elles échangeraient leurs vies contre la tienne sans hésiter une seule seconde.

Par respect pour elles, ne la gâche pas. Ne perds plus ton temps dans des distractions futiles et inutiles. Ne perds plus ton temps à te plaindre de tes petites misères ridicules. Prends le contrôle de cette vie pour en faire quelque chose de grand, quelque chose qui te dépasse.

Agis maintenant pour être fier de l'héritage que tu vas laisser. Parce qu'à la fin, c'est tout ce qu'il te restera. Personne ne se souviendra de ce que tu as eu mais tout le monde se souviendra de ce que tu as fait, ou pas.

Tu as maintenant le devoir de t'engager à fond chaque jour pour devenir meilleur et aider ce monde à le devenir. Tu n'as plus d'autre choix que de te forcer à évoluer jour après jour pour atteindre ta vie MAXIMALE.

En somme, tu dois te discipliner à réussir.

RETIENS SURTOUT ÇA.

- **La facilité et le confort amènent à l'ennui profond et au divertissement constant.**

- Tu ne rattraperas **JAMAIS** le temps passé à te divertir et à chercher des excuses.

- **Stagner va à l'encontre de ta tendance naturelle à l'accomplissement.** C'est ce qui te donne la boule au ventre.

- **Tu es responsable à 100% de tes choix, tes actions, tes croyances et tes habitudes.** Toi seul peut décider de subir une vie médiocre ou t'épanouir dans une vie grandiose.

- Tu as déjà fait de nombreux grands pas dans ta vie à force de persévérance et de discipline. **Tu as les moyens et les capacités de recommencer.**

- Tu ne le fais pas que pour toi. Ils sont des dizaines à te prendre pour modèle et des millions à envier ta vie. Fais-en quelque chose de GRAND. **Laisse un héritage puissant.**

Virginia

33 ans, entrepreneuse, 5H30

@itineraire_dune_entrepreneure

Bien que je voulais passer à un autre niveau dans ma vie, le réveil aux aurores n'a jamais fait parti de mes résolutions du nouvel an. C'est parce que j'ignorais à quel point se réveiller tôt était un accélérateur en tout point!

J'avais pour triste habitude de me lever aux alentours de 11h00, sans aucune productivité et remplie de lassitude. Puis un jour, j'ai écouté un podcast dans lequel Xavier était invité (épisode 24 du podcast *"Et si on avançait"*). Il avait les mots justes, la vérité dans la bouche: je passais à côté de ma vie et j'allais le regretter amèrement si je ne mobilisais pas toute ma discipline.

Ça a été dur, et ça l'est encore parfois. Mais, on passe volontiers au dessus quand on pense à ses **POURQUOI** et au fait qu'on va jouir de cette auto-satisfaction d'avoir un temps d'avance sur le reste du monde.

Ça va même plus loin que ça pour moi. J'ai racheté le temps, effacé ces matins qui n'en étaient pas. Maintenant, mes enfants peuvent sentir l'odeur du pain grillé ou du café très tôt à la maison.

Ils ont envie, eux aussi, de conquérir leurs journées.

Je suis dorénavant assez réveillée d'esprit pour donner naissance à leurs propres **POURQUOI**.

Certains disent qu'on a pas assez d'heures dans une journée.

C'est faux.

Il y en a bien assez si on comprend à quelle heure elle commence.

1. COMMENT JE ME SUIS ÉCHAPPÉ

« Se discipliner pour faire ce que vous savez juste et important, bien que difficile, est le chemin de la fierté, de l'estime de soi et de la satisfaction personnelle. »
Margaret Thatcher

Si tu te demandes pourquoi je me suis permis de te parler de cette façon dans le premier chapitre, pourquoi t'as l'impression que je te connais et pourquoi je suis certain que tu peux changer les choses, la réponse est ultra simple. Je l'ai vécu.

J'ai été cette personne abrutie par le confort qui a laissé sa vie défiler sans aucun contrôle pendant de trop nombreuses années. Je suis aujourd'hui devenu allergique à l'idée de stagner et je me discipline à réussir chaque jour qui passe.

Dans ce chapitre, je te raconte comment je suis passé de l'un à l'autre.

Jusqu'à 20 ans, ça filait droit.

Je vais pas te raconter toute ma vie en détail, c'est pas le but. Je vais juste t'en résumer le début.

J'ai été élevé à la Réunion par un père ancien militaire et une mère bourreau de travail. À la maison, pour mes deux grandes soeurs et moi, se tourner les pouces était plutôt rare et la grasse matinée, une légende urbaine. Il y avait toujours quelque chose à faire. Dit comme ça, tu peux avoir l'impression que c'était un cauchemar mais je te rassure, c'était loin d'être le cas. On était récompensés à hauteur de nos efforts et, surtout, ça nous a donné l'occasion de passer beaucoup de temps de qualité avec nos parents, à forger des souvenirs inoubliables.

Cette éducation basée sur la discipline et le mérite est le terreau de toutes mes réussites passées, présentes et futures. C'est grâce à elle que j'ai pu avoir un parcours scolaire exemplaire qui m'a ouvert toutes les portes à la fin du lycée. Une très bonne chose, seulement, j'étais perdu et, à l'époque, j'ai choisi d'intégrer des classes préparatoires aux grandes écoles (CPGE) sans savoir ce qu'elles étaient, si ce n'est que c'est là où allaient les "*meilleurs*".

Ces deux années ont été parmi les plus fortes et les plus belles de ma vie. Je vivais en internat, dans une atmosphère de travail acharné quelques fois perturbée par de la détente entre amis quand la pression devenait trop forte. Cette période marque les premières fois où mes croyances ont volé en éclats à coups de claques dans l'égo. C'est là que j'ai appris qu'il y a toujours meilleur que soi et que le sommet est réservé à ceux qui sont prêts à en payer le prix, à force de travail et de discipline. À ce jour, ça reste la période la plus riche de ma vie en terme de découvertes scolaires et personnelles. Si c'était à refaire, je recommencerais sans hésiter.

Puis c'est parti en sucette.

En 2004, j'ai quitté les CPGE pour intégrer une fac de physique à Orsay, en région parisienne. Je me retrouvais en totale autonomie après avoir vécu des années dans un environnement très encadré. C'est là que j'ai compris que ce n'est pas parce qu'on t'impose une discipline qu'elle fait partie de toi. Bien au contraire. Plus on te force à te soumettre à des règles strictes, plus tu es frustré et plus tu es susceptible de faire tout l'inverse quand l'autorité disparaît.

C'est exactement ce qui s'est passé avec moi.

À 20 ans, j'ai découvert la vie en autonomie, à 10 000 km de mes parents, inscrit à la fac où les cours étaient optionnels. Ça a été un vrai carnage. Je découvrais les jeux en réseau, les séries et la possibilité de manger ce que je voulais quand je voulais. Je pourrais essayer de te décrire à quel point mon hygiène de vie était exécrable, mais je serais encore loin de la vérité. J'évitais avec assiduité tout cours qui n'était pas obligatoire pour pouvoir traîner dans mon studio de 9m^2 à jouer en continu. Ce que j'appelais à l'époque mes repas, c'est à dire une plâtrée de pâtes agrémentée d'un demi-tube de mayonnaise, était avalé en vitesse entre deux parties. J'évitais de perdre trop de temps à me nourrir. Je finissais mon plat en jeu puis je grignotais machinalement des PIM'S Framboise, sans modération. Si j'ai tout de même réussi à être diplômé, c'est grâce à l'immense gentillesse de mon ami Julien qui me passait ses cours et grâce à ma passion pour certaines matières dont j'assimilais les notions avec facilité.

C'est aussi à cette époque que j'ai rencontré celle qui allait devenir ma femme. Juste après la fac, on s'est installés ensemble. Même si j'ai tenté de redresser la barre en étant en couple, mon hygiène de vie restait catastrophique. Mes journées consistaient à me réveiller tôt pour jouer aux jeux vidéos, me gaver de Prince de LU au petit déjeuner avant de me rendre au labo où j'étais doctorant. Là-bas, les repas à la cantine étaient copieux et gras. Je faisais peu d'activité physique dans le cadre de mon boulot. En rentrant le soir, je pensais mériter du repos après une journée où je n'avais finalement pas fait grand chose. Je m'accordais donc, à nouveau, un repas généreux arrosé d'un petit verre de vin et terminé par une sucrerie. Le reste de la soirée était consacrée aux jeux vidéo jusqu'à tomber de fatigue après minuit. Je ne portais aucune attention à mon sommeil.

Malgré tout, aussi étonnant que cela puisse paraître, j'étais persuadé d'avoir une bonne hygiène de vie parce que, tu vois, je courais 1 à 2 fois par semaine pendant 20 minutes. Ha ha ha. Ce n'était évidemment pas le cas et la vie me l'a bien mis en travers de la gorge.

La claque qui a tout amorcé.

J'aurais dû le voir venir.

J'avais bien reçu une pique de la part de mon père sur le fait que j'avais besoin d'un soutien gorge tellement j'étais gras. Je n'y ai pas prêté d'importance vu qu'il adore vanner tout le monde en permanence.

Là où ça m'a vraiment fait mal, c'est quand cette pique est venue de ma femme.

Tu vois, je pense que quand deux personnes se marient, elles doivent faire leur maximum pour rester attirantes l'une pour l'autre. Je trouve que c'est une question de respect que de s'assurer que la personne qui va passer sa vie avec toi puisse avoir le meilleur de ce que tu as à offrir. Il n'y pas que le physique dans la vie, c'est sûr, mais, quand une personne va te voir tous les jours pendant des décennies, c'est la moindre des choses que de lui donner quelque chose de plaisant à regarder, non?

Du coup, je te laisse imaginer le choc quand, un soir de décembre 2010, alors qu'on regardait tomber la neige par la fenêtre, elle a dessiné "*ça*" sur la buée de la vitre en me demandant de deviner qui c'était:

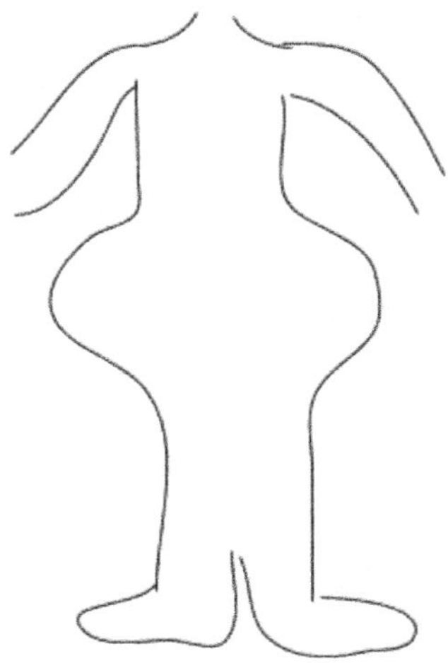

Je crois que t'as deviné à qui appartenait ce corps déformé par ces deux magnifiques bouées de graisse pendouillantes.

Sur le moment j'ai rigolé et j'ai fait le gars faussement blessé. Seulement, je l'étais vraiment. Profondément. Une vraie bonne claque dans la gueule.

D'un seul coup, le regard que j'avais sur moi a changé et j'ai commencé à me voir tel que j'étais réellement: un pantouflard aussi dynamique que Droppy sous anesthésie qui enflait à vue d'oeil. Le gras s'était installé partout où il pouvait, de mes bouées à mon double menton en passant par mon visage joufflu, parsemé de boutons purulents. Le manque de sommeil avait creusé des énormes cernes brunes foncées. Franchement, ça n'envoyait vraiment pas du rêve.

Ça a été un déclic violent. Je m'en suis vraiment voulu de m'être autant laissé aller. J'ai décidé à ce moment précis de changer les choses parce qu'il était hors de question que je renvoie cette image à mon épouse et encore moins au bébé qu'elle portait en elle. À l'image du mari s'ajouterait bientôt celle du père.

C'était inconcevable pour moi d'être un de ces papas bedonnants qui peut pas profiter de ses enfants parce qu'il est trop occupé à reprendre son souffle.

Efforts faibles, résultats faibles.

Ce serait mentir de te dire que les choses ont changé d'un seul coup, du jour au lendemain. Le déclic avait été violent mais les mauvaises habitudes ne disparaissent pas en un claquement de doigts. Je savais qu'il fallait changer des choses mais je ne savais pas par où commencer.

Jusqu'à la naissance de mon fils, en septembre 2011, j'ai avancé à tâtons en réduisant mes portions sans changer ma façon de manger et en faisant un peu plus de sport. Quand le bébé est arrivé, j'ai rapidement compris l'importance d'un rythme régulier de sommeil pour tenir le coup. Avec ma femme nous avions mis un système en place: si le bébé se réveillait avant 2h, elle s'en occupait, sinon c'était moi. Donc, j'avais décidé de mettre une alarme pour aller au lit à 23h au maximum. Quand je devais lui donner le biberon et qu'il se rendormait vers 4h du matin, je restais éveillé. J'aimais beaucoup être tranquille et avoir du temps pour faire ce que je voulais. C'est comme si, le matin, je pouvais rattraper le temps que j'avais perdu à aller me coucher le soir. À ce moment là, je n'avais pas encore saisi toute la puissance du réveil matinal. Être debout aux aurores était pour moi surtout l'occasion de jouer et de partir plus tôt de la maison pour éviter les embouteillages.

Même si ce début de reprise de contrôle de mon temps était un premier pas prometteur, les résultats sur ma forme et mon énergie laissaient à désirer. Avec le recul, je constate que les efforts fournis sur l'alimentation et le sport étaient beaucoup trop faibles. Si faibles que je suis incapable d'en retrouver la trace dans mes souvenirs pour te les décrire.

À ce moment là, je n'étais pas au fait de cette vérité:

RIEN NE CHANGE SI RIEN NE CHANGE.

Je n'avais pas conscience de l'ampleur du travail que je devais fournir, de la discipline que je devais mobiliser et de la souffrance que je devais endurer pour devenir un meilleur humain.

Déclic 2, le retour.

Mon salut est venu d'un autre déclic devant une montagne de pâtes carbonara en 2014.

J'ai soudain réalisé deux choses. La première est que cette quantité astronomique de nourriture allait finir dans mon estomac. En passant mes yeux de mon assiette à mon ventre, je me suis dit qu'il y avait un truc qui clochait à vouloir faire entrer autant dans un volume au moins 3 fois plus petit. La seconde était que mon corps allait devoir fonctionner avec ce que j'allais avaler et rien d'autre. Je ne connaissais rien à la nutrition à l'époque, mais, en considérant ce monticule de tagliatelles gorgées de sauce, agrémentées de lardons et parsemées de fromage râpé, je me suis dit que ça devait être loin d'être idéal.

J'ai alors décidé d'agir à la fois sur la quantité et la qualité de ce que j'avalais. Pour la quantité, j'ai mis en place ce que j'appelle la technique du cercle. J'ai réduit ma prise alimentaire en faisant tenir tout mon repas dans un cercle à pâtisserie de 12 cm de diamètre. Je me suis rendu compte que même si j'avais toujours faim en sortant de table, cette sensation passait très vite. J'ai appris plus tard que le message de satiété met 20 minutes pour arriver au cerveau. Du coup, quand on attend d'être rassasié pour quitter la table, on a déjà beaucoup trop mangé. En prévoyant une collation saine dans l'après-midi, j'ai pu ancrer cette technique et cette bonne habitude de quitter la table en ayant encore faim dans mon quotidien. Les résultats ont été excellents. Je perdais du poids à vitesse grand V sans frustration et je me sentais de mieux en mieux dans mon corps.

C'est ainsi qu'a débuté mon intérêt pour la composition de mon assiette. Grâce à Internet, j'ai appris beaucoup sur la nutrition et j'ai pu me faire ma propre idée de la notion d'une bonne alimentation. Jusque là, je suivais les recommandations du gouvernement et faisais confiance aux mentions des étiquettes des produits en magasin. Deux erreurs monumentales. Mes recherches m'ont poussé vers l'alimentation paléo qui consiste à rejeter les produits de l'alimentation moderne non adaptés à notre organisme de par leur nature, leur toxicité ou leur densité calorique. L'impact sur mon corps et mon énergie a été phénoménal. C'est à ce moment que j'ai vraiment saisi et ressenti l'importance cruciale de ce que l'on mange sur notre santé et notre niveau d'énergie (je t'en parle plus en détail dans le chapitre 15).

Je me sentais de mieux en mieux et j'avais une PATATE de dingue. Je me suis alors demandé comment faire pour m'amuser un peu plus avec ce corps que je redécouvrais.

Et là, mes recherches m'ont amenées vers le HIIT: le High Intensity Interval Training. C'est une méthode d'entraînement qui consiste à faire des séances de sport courtes mais très intenses pour gagner à la fois en force, vitesse, endurance, équilibre et souplesse. Ça a été une vraie révélation. Je découvrais à la fois mes capacités physiques en soumettant mon corps à des séances de plus en plus dures et mes ressources mentales qui me poussaient à toujours aller au bout malgré l'essoufflement, la douleur et l'envie d'abandonner. J'étais en train de commencer à construire de la discipline.

Vivre, ENFIN, et t'aider à faire pareil.

Au fil de mes transformations physique et mentale, je comprenais petit à petit une chose: il est primordial de faire de soi une priorité.

D'une part parce qu'on vit H24 avec soi-même et qu'on a tout intérêt à rendre le voyage le plus agréable possible. D'autre part, c'est en étant la meilleure personne possible qu'on peut apporter un maximum aux autres et leur rendre la vie plus agréable.

Je me rendais compte que je me devais d'être égoïste mais qu'il fallait que je le sois de la bonne façon, c'est à dire, en étant seul dans la pièce. C'est là que le réveil matinal m'est enfin apparu comme un outil. L'outil idéal même. C'est parfait parce que tu t'occupes de toi avant tout le reste sans que ça dérange qui que ce soit puisqu'ils dorment tous. J'ai donc commencé à construire des matins beaucoup plus productifs et tournés vers ma réussite personnelle. J'ai ajusté petit à petit mon heure de réveil de façon à pouvoir systématiquement faire du sport, me nourrir correctement, lire et préparer le réveil de ma famille (dans le chapitre 10, je t'explique comment, toi aussi, tu peux te créer un matin efficace et sur mesure).

La discipline du réveil matinal, le mental de winner construit via le sport, et, la résistance à la frustration bâtie par le contrôle de mon alimentation ont contribué, avec des lectures puissantes, à me forger un état d'esprit hyper conquérant.

Je me rappellerai toujours de cette fois où il pleuvait à verse et où je n'ai pas hésité une seule seconde à rejoindre, à 5h30, le terrain de foot synthétique où j'allais m'entraîner pour ma séance. Allongé dans l'obscurité du matin, au milieu de la pelouse, le souffle coupé, le coeur battant à tout rompre avec les abdos en feu, j'ai fermé les yeux pour sentir les gouttelettes de pluie ruisseler sur mon visage. Là, j'ai été frappé par un sentiment étrange. Je me suis dit que je devais passer pour un taré vu de l'extérieur mais en même temps je sentais que j'étais exactement là où je devais être. J'ai ressenti un profond épanouissement et de la reconnaissance de pouvoir vivre ce moment unique, réel et parfait dans le sens où il correspondait à ce que je voulais réellement. Je me sentais tellement vivant et fier d'avoir pris cette suite de décisions!

C'est une sensation addictive que je recherche, depuis, chaque jour.

C'est parce que j'ai maintenant cette envie de découvrir mon propre potentiel et d'explorer les possibilités incroyables de ma vie que je refuse de stagner et de céder au piège du confort et du divertissement constant.

C'est con à dire pour quelqu'un qui écrit un livre mais tu sais quoi?

Je n'ai pas les mots pour te dire à quel point cultiver ce sentiment d'être vivant suffit pour transformer ta vie. C'est comme si tu changeais de monde. Là où tu subissais ton quotidien, tu t'y amuses comme un fou. Tu vois des opportunités et des défis à chaque coin de rue et tu sautes dessus avec excitation. Non seulement tu ne t'ennuies plus mais, en plus, tu récoltes des bonus. Les miens sont d'avoir perdu 15 kilos, construit un corps athlétique et en excellente santé, d'être devenu marathonien, d'avoir appris à lire plus de 20 livres par an, d'avoir écrit un livre (yes!), d'être devenu un moteur de motivation pour mes proches et de faire un métier que j'aime tellement que je n'ai plus l'impression de travailler.

Et toi? Qui sait ce que tu vas récolter comme bonus?

C'est parce que j'ai hâte de le découvrir que j'ai décidé de partager mon mode de vie et mon expérience sur internet depuis 2017. Là où il m'a fallu attendre plusieurs années pour avoir un déclic au hasard de la vie, je veux le provoquer chez toi et un maximum de monde avant qu'il ne soit trop tard. Je veux que mon contenu, dont ce livre fait partie, t'évite de perdre des années précieuses et qu'il t'apporte une réelle valeur sous forme de conseils et d'astuces. Aujourd'hui, je veux me servir de mes résultats pour t'aider à en avoir et débloquer ton plein potentiel.

***

Crois moi, si j'ai pu passer de geek bien gras avec une hygiène de vie dégueulasse à coach en réussite personnelle et auteur expert du réveil matinal, tu as, toi aussi, toutes les capacités de faire et devenir ce que tu veux.

Lis bien ça:

JE N'AI RIEN DE PLUS QUE TOI.

Tu as tout ce qu'il te faut pour atteindre ta réussite ou ce que j'appelle, moi, ta vie MAXIMALE.

Mais pour ça, il faut d'abord commencer à en tracer les contours pour savoir où diriger tes efforts. C'est ce qu'on va faire ensemble au chapitre suivant.

RETIENS SURTOUT ÇA

- Je n'ai rien de plus que toi.
Si j'ai redressé ma situation, tu as toutes les capacités de faire de même.

- ***« Rien ne change si rien ne change ».***
Si tu veux obtenir des résultats que tu n'as jamais eus jusque là, prépare toi à faire ce que tu n'as jamais fait jusque là.

- Pour changer et t'épanouir, prépare toi à fournir des **efforts conséquents et quotidiens** soutenus par une **autodiscipline en béton.**

- Tu ne peux et ne dois pas compter sur la discipline imposée d'une source extérieure.
Le changement doit venir de toi.

Sophia

16 ans, lycéenne et TRÈS curieuse, 5H00.
@reealistique

Combien de fois t'es-tu déjà couché avec cette sensation de frustration ? Tu sais, cette frustration qui te pèse dans la poitrine, dans la tête, et qui te met de mauvaise humeur. Cette sensation qui te fait regretter d'être là, de faire ceci au lieu de cela. Elle te fait toujours penser à ce que tu n'as pas: "*aah si seulement…*"

Je m'appelle Sophia et j'ai 16 ans. Je suis quelqu'un d'actif et qui déteste faire les choses à moitié, sans révéler ses réelles capacités. Cette volonté à vouloir (trop) bien faire m'a bien sûr déjà joué des tours et j'ai souvent sombré dans la frustration et une sorte de lassitude face à tous ces jours semblables, fatigants et que je trouvais "*plats*".

Il y a quelques mois, j'avais l'impression d'être "*piégée*" par le lycée, les examens de musique ou encore les cours de karaté. Sans oublier la vie sociale et la famille. Il ne me restait alors plus beaucoup de temps pour mes projets à moi: le dessin et l'écriture d'un livre. Je me suis souvent remise en question et je me demandais si je n'avais vraiment pas ce temps qui me manquait.

C'est alors qu'est venu le confinement. Pour moi, ça a été une évidence. C'était le moment de changer mes habitudes et de commencer ce que je voulais faire depuis si longtemps.

J'ai alors trouvé le compte de Xavier sur Instagram et j'ai tout de suite adhéré à ses idées. Le challenge a été pour moi une véritable source de **productivité** et de **sérénité**. Un matin bien organisé m'a souvent fait gagner pratiquement une journée entière!

À la fin du challenge, j'ai pu lire 8 livres d'en moyenne 500 pages et j'en suis à mon 9 ème. Grâce a cette expérience, j'ai enfin pu trouver un sens au réveil, j'ai enfin compris ce que c'était vraiment que "*d'agir*".

Agir pour s'améliorer et trouver un état d'esprit qui me correspond.

Maintenant, je pratique le réveil maximal le plus souvent possible. D'ailleurs, on me demande souvent comment je fais. Je réponds alors que la vie est un cadeau et que la chance qu'on a d'être en vie, il faut la voir, la comprendre et l'utiliser.

La vie est plus qu'un prix qui demande des efforts, c'est tout un chemin vers l'épanouissement. Et ça commence par la discipline. Mais je crois que ce mot fait peur, malheureusement.

Tant pis.

Il faut respecter le choix des autres. En tout cas, je ne regrette absolument pas le mien.

2. COMMENCE PAR DÉFINIR TA VIE MAXIMALE

« Rien ne ressemble plus à des vies ratées que certaines réussites. »
Julien Greene

L'illusion de la réussite.

Si tu demandes à n'importe qui de donner sa définition de la réussite, il y a de fortes chances qu'il ou elle la résume à des accomplissements en terme matériel et/ou de statut social: être riche, avoir une belle voiture, une belle maison, être son propre patron, etc. C'est parce que notre société matérialiste et consumériste nous a conditionnés à associer la réussite à la valeur pécuniaire.

Et pour toi, qu'est ce qui fait une réussite? Est-ce que c'est le nombre de chevaux d'une grosse voiture? Est-ce un poste important et un gros salaire? Ou encore est-ce le parcours scolaire prestigieux que l'on donne à ses enfants? D'ailleurs, penses-tu qu'on puisse dire avoir réussi si on ne possède aucun bien matériel? Peux-tu considérer avoir réussi si tu as écrasé les autres pour y arriver?

J'essaie ni de te piéger, ni de te culpabiliser ou de jouer le moralisateur avec ces questions. Je te les pose en toute sincérité et il n'y a pas qu'une bonne réponse.

Parce que, tu vois, c'est ça le plus fou avec la réussite: il y en a autant de définitions qu'il y a de personnes. Certains trouvent tout à fait normal d'écraser les autres pour obtenir un statut social élevé quand, pour d'autres, la réussite est simplement de pouvoir vivre en harmonie avec le reste du monde. Certains ne jurent que par des signes extérieurs de richesse quand pour d'autres, au contraire, la réussite se trouve dans la sobriété. Certains enchaînent les conquêtes comme autant de trophées quand d'autres se félicitent plutôt d'une stricte monogamie.

Tu connais le dicton: il faut de tout pour faire un monde. T'en as la preuve éclatante avec la réussite.

La vérité sur la réussite.

Celui qui, pour moi, donne la définition parfaite de la réussite est Christopher Morley quand il écrit *"Il n'y a qu'une réussite: pouvoir vivre comme on l'entend"*. C'est aussi simple que ça. C'est bien en laissant de côté l'avoir et en se penchant sur l'être qu'on peut dessiner les contours de la réussite ou de ce que j'appelle la vie MAXIMALE. Tu as réussi quand tu peux vivre comme tu l'as décidé, quand tu alignes tes actions et tes habitudes avec tes valeurs et tes objectifs de vie, peu importe ce que ça veut dire. Chaque être humain a donc sa propre définition de la réussite selon la priorité qu'il donne aux différents aspects de sa vie: santé, famille, amis, couple, argent, spiritualité, habitudes, etc.

Le trader qui passe ses journées en salle des marchés pour brasser un maximum de pognon en se foutant de tout le reste, sa santé et son temps y compris, réussit selon ses termes.

Susanne Eman qui vise les 770kg pour devenir la femme la plus grosse du monde, en consommant chaque jour 22000 kCal en litres de glaces et en tacos, travaille à sa réussite (oui, je te l'accorde, c'est un exemple assez exceptionnel mais je voulais bien t'illustrer la chose).

Un voisin de la nounou de mes enfants a une telle obsession pour la propreté de sa voiture qu'il démonte les roues pour nettoyer les disques de freins. Et c'est OK. Il agit selon ses critères de réussite et en accord avec ce qui lui semble prioritaire dans sa vie.

C'est exactement pareil pour le moine shaolin qui construit sa vie autour d'une discipline stricte tournée vers la spiritualité.

Je pourrais dérouler les exemples longtemps comme ça.

On vit sur la même planète, mais pas dans le même monde. C'est complètement normal que chacun de nous trouve son bonheur à un endroit différent. Si tu estimes que quelqu'un est en train de gâcher sa vie, c'est parce que tu l'évalues selon tes critères, tes valeurs et tes objectifs. Rendez-vous service à tous les deux et laisse filer. Concentre toi sur ce qui compte vraiment, c'est à dire ce que tu veux, toi, sur ta propre vie et ce qu'il s'y passe.

Est-ce que tu fais tout ton possible pour la rendre MAXIMALE? T'en donnes-tu complètement les moyens?

Parce que si ce n'est pas le cas, rappelle toi que personne ne le fera pour toi. Les autres sont soit, eux-même, trop occupés à réussir soit complètement paumés, abasourdis par le confort.

Définis ta vie MAXIMALE, accepte la et travailles-y sans relâche dès maintenant.

Comment je définis ma réussite.

Pour illustrer mon propos je vais te donner en une phrase ma vision de la réussite: "*je veux être libre d'utiliser mon temps comme je souhaite pour pouvoir à la fois savourer des moments forts avec mes proches et aider un maximum de monde à vivre une vie MAXIMALE avant qu'il ne soit trop tard*".

Tu vois? Pas de Lamborghini ou de piscine à débordement en vue. Ma vie MAXIMALE ne se définit via aucun bien matériel. Je veux deux choses qui valent beaucoup plus: la liberté et laisser un héritage fort. De là, j'en déduis des objectifs concrets à atteindre et des actions à mettre en place. Il faut que je crée des sources de revenus qui ne dépendent pas du salariat pour gagner ma liberté financière et géographique. Aussi, pour m'assurer d'être un soutien efficace et agréable, je dois faire un travail constant sur moi pour apprendre à mieux écouter, apporter de la valeur et développer l'état d'esprit d'un leader. Je dois offrir ce que j'ai de meilleur aux personnes avec qui j'interagis. Tout cela suppose un travail quotidien en vue de m'améliorer et de combattre la complaisance. Et pour faire ça, je n'ai pas d'autres choix que de me former en continu et de bichonner mes niveaux d'énergie via mon hygiène de vie. Tout un programme.

D'ailleurs, j'espère que tu feras vite l'expérience de cette chose que je vis chaque jour. Quand tu t'engages à atteindre ta vie MAXIMALE, tu ne peux plus t'ennuyer. C'est incompatible. Ton être tout entier passe en mode ATTAQUE et tu répugnes à perdre ton temps tellement tu as de choses importantes à faire. Tu en arrives au point de vouloir des journées de 32h. C'est pour ça que je suis aussi persuadé que si t'as l'habitude de traîner, de tourner en rond pour tuer le temps, tu n'es clairement pas en train de chercher à réussir dans ta vie.

C'est pas le temps que t'es en train de tuer, c'est toi.

C'est quoi la réussite pour toi?

C'est à ton tour maintenant. Je t'invite à faire le même exercice que moi et définir en une phrase ta vision d'une vie MAXIMALE (il y a une page dans les annexes pour te prêter à l'exercice et en garder une trace). Le plus important est que tu sois honnête avec toi-même. Rappelle toi que ta définition de la réussite t'est propre et que tu n'as pas à en avoir honte ni à en être effrayé (à condition que ça soit légal et éthique bien sûr). Formule ce que tu veux vraiment dans ta vie sans te laisser censurer par des préjugés, la peur du ridicule ou quelconque obstacle. Aussi, ne ressens pas le besoin d'énoncer une vision qui s'inscrit dans l'alignement de ta vie actuelle ou limitée par les seules possibilités qui sont à ta disposition sur le moment. Il faut que tu formules ce que tu vois quand tu fermes les yeux et que tu imagines ta vie idéale. Peu importe la forme que ça prend.

Pour t'aider dans cet exercice, je te propose de t'isoler et de répondre à ces questions:

- Quel(s) est (sont) le(s) projet(s) dont l'idée de ne pas le(s) réaliser avant de mourir t'est insupportable?
- Quel héritage souhaites-tu laisser à tes proches et au monde?
- Quel message veux-tu que tes actes envoient à ceux que tu influences au quotidien?
- Quelles sont les 5 valeurs auxquelles tu donnes la priorité?
- Comment se déroulerait une journée dans ta vie idéale?

Je compte sur toi pour jouer le jeu et faire cet exercice fondamental.

Mon pote Sylvain est passé par là et je dois absolument te raconter son histoire pour que tu comprennes l'importance de réfléchir à ce que tu veux vraiment.

Je le connais depuis l'école primaire et Sylvain a toujours voulu être pilote de ligne. C'est vraiment son truc. Au collège, quand je passais le voir le mercredi après-midi, il était toujours fourré dans le bureau de son père, en train de piloter des avions sur Flight Simulator. Il est même arrivé une fois qu'on passe un après-midi à surveiller le vol d'un Boeing 747 sur la liaison Berlin-Le Cap, la plus longue du monde. À la fin du lycée, il a malheureusement raté les concours d'entrée dans les écoles de pilotage et s'est dirigé par défaut vers une fac d'économie-gestion. Il a évidemment détesté et il a trouvé une consolation en devenant contrôleur aérien pour l'Aéronautique Navale. Le souci est que, autant cela lui plaisait de se rapprocher du monde de l'aviation, autant cela le frustrait de fréquenter des pilotes au quotidien. L'idée de ne pas en être un lui devenait insupportable.

Sylvain a donc décidé d'arrêter de se voiler la face. C'est à ce moment qu'il a fait ce que je te demande de faire. Il a pris du recul par rapport à sa situation et s'est vite rendu compte que s'il ne réalisait pas son rêve, il serait malheureux toute sa vie. Malgré sa situation personnelle difficile, il venait de se séparer de sa compagne et avait revendu un appartement à perte, Sylvain ne s'est pas laissé abattre. Il s'est accroché à son rêve de piloter et a cherché tous les moyens d'y arriver. C'est passé par une liquidation de ses économies et de gros emprunts, un cursus de formation de plusieurs mois en Pologne et en Allemagne qui l'éloignait de sa nouvelle famille, des centaines d'heures de travail acharné, de longues nuits blanches et, enfin, un découragement abyssal quand s'est déclarée une maladie cardiaque génétique. Celle-ci l'a obligé à repasser plusieurs qualifications pour maintenir leurs validités. Le pire c'est qu'il s'accrochait sans savoir si tout cela servirait à quelque chose puisqu'au final son avenir dépendait de la décision d'une commission médicale. Il l'exprime mieux lui-même: "*C'était complètement à l'aveugle, et dans une sorte d'état second, à la poursuite d'un objectif qui semblait de*

plus en plus impossible à atteindre, que je continuais mes efforts."
Après un long combat qui force encore mon admiration, son courage et sa persévérance ont été récompensés puisqu'il a aujourd'hui atteint son rêve et est devenu officier pilote de ligne.

Je te l'accorde, l'exemple de Sylvain est exceptionnel. Difficile de ne pas coller une image de réussite à un pilote, qui, en plus, a fait des sacrifices monstrueux pour atteindre son but. Seulement, je veux surtout que tu retiennes de cette histoire la nécessité de régulièrement considérer ta vie pour lui donner une direction alignée avec ce que tu veux vraiment. Il est important que tu le fasses pour t'éviter de complètement passer à côté et d'avoir à la fin plus de regrets que d'accomplissements.

Je te rassure encore une fois. C'est TA réussite que tu dois chercher. Tout le monde n'a pas envie de devenir pilote à tout prix, de poursuivre un rêve grandiose à coups d'efforts acharnés ou de changer la vie de millions de personnes en étant influent. La réussite peut prendre une forme aussi simple que celle de la sérénité de moments passés en famille.

Cette réussite là, c'est celle de mon autre ami Vivien. Lui, a choisi de capitaliser sur l'alternance des périodes de travail et de repos des travailleurs intérimaires pour pouvoir profiter régulièrement du confort de son foyer entouré de sa famille. Rien d'autre. Faisant partie de l'équipe de ceux qui s'acharnent au quotidien pour bâtir un grand rêve, je t'avoue qu'au début je ne comprenais pas et je pensais même qu'il vivait dans le déni. C'est parce que je jaugeais son rêve à lui avec ma perception à moi. Exactement ce que je t'ai demandé de ne pas faire au début de ce chapitre. Au fil de nos discussions, j'ai rectifié mon attitude et je me suis rendu compte que c'est, en toute honnêteté, ce qu'il désire vraiment par dessus tout. Sa réussite est guidée par les valeurs de la famille, du confort et de la sérénité.

Je vais te donner un dernier exemple bouleversant. C'est celui de Bernadette, une femme de 43 ans atteinte de dystonie, une maladie neurodégénérative qui la paralyse petit à petit. À l'heure où je t'écris ces lignes, il lui reste 10 ans à vivre avant que son cerveau ne devienne "*du fromage blanc*" comme elle le dit elle-même. La réussite pour Bernadette, dont chaque seconde est comptée, consiste à reprendre le contrôle total du temps qu'il lui reste pour transmettre le maximum à ses filles et créer avec elles des souvenirs joyeux avec leur mère. Rien ne lui importe plus (son témoignage est après ce chapitre).

L'honnêteté est tout ce qui devrait te guider quand tu réfléchis à ta vie MAXIMALE. Ne te voile pas la face et pose sur le papier ta vraie définition de la réussite.

Plus loin dans ce livre, nous irons plus en détail pour définir à partir de ta vision de la réussite les objectifs concrets et les actions à mettre en place pour l'atteindre.

Un bon moyen de s'auto-évaluer.

Même si les critères d'une vie MAXIMALE sont propres à chacun, il existe une méthode universelle et infaillible de savoir si tu es sur la bonne voie ou si, au contraire, tu passes complètement à côté.

Tout se passe au moment de ton réveil.

Si tu es dans une vie excitante et qu'il te plaît de vivre, Tu n'as aucun mal à bondir du lit pour la retrouver. Au contraire, si tu es enfermé dans une vie qui ne correspond pas à ton idée de la réussite, ton cerveau va faire de la résistance et tu auras un mal fou à sortir du lit. C'est évident: le confort du lit te paraît infiniment plus attrayant que la douleur d'une nouvelle journée.

Si tu es dans le deuxième cas, tu dois arrêter de vivre dans le déni, affronter la réalité et décider dès maintenant que tu mérites plus que ce que tu tolères péniblement. Il s'agit d'une question de vie pleine ou de mort prématurée.

***

C'est primordial que tu le fasses au plus tôt parce que ton temps est incroyablement limité. C'est ce qui le rend aussi précieux. Que tu agisses ou que tu stagnes, il passe de toute façon. Il n'est pas trop tard pour que tu arrêtes de le gâcher et que tu le fasses travailler pour toi.

Voyons ensemble comment faire dans le prochain chapitre.

RETIENS SURTOUT ÇA.

- **Il y a autant de définitions d'une vie MAXIMALE qu'il y a d'êtres humains.**

- **Il est vital de définir la tienne** pour t'assurer d'utiliser ton temps et tes ressources de façon optimale.

- **Sois HONNÊTE.** N'aie pas peur de voir grand et n'aie pas honte de tes ambitions même si tu ne sais pas encore par où commencer.

- **Il est IMPOSSIBLE de s'ennuyer quand on vise sa vie MAXIMALE.**
  Si tu ne bondis pas de ton lit au réveil ou si tu cherches seulement à « tuer le temps » tous les jours, il est urgent que tu prennes du recul pour redéfinir tes priorités.

Bernadette

43 ans, mère au foyer, 5h30
@bernadettebeignet

Pour moi, la vie c'est comme une boîte de chocolats, on ne sait jamais sur quoi on va tomber. Des fois, tu trouves des pépites comme le réveil maximal.

Ça a été une révélation, un bouleversement dans ma vie de famille.

Il m'a permis de réveiller le soleil qui était caché tout au fond de moi. J'ai pu me retrouver, gagner du temps sur la maladie. Le fait de retrouver la sérénité m'a permis d'avoir du temps de qualité avec mes filles sans être interrompue par le portable.

Ce temps passé avec elles est inestimable.

Si j'ai un conseil à te donner, n'attends pas demain pour commencer, ni que la maladie ou un accident ne raccourcisse ta vie pour réaliser tes rêves. .

Réveille ton soleil et tu verras que la vie est belle en dehors de ta couette.

3. ARRÊTE DE PERDRE TON TEMPS

« Ce n'est pas que la vie soit courte, c'est que le temps passe vite. »
Henri Jeanson.

Ton temps est un trésor.

Ton temps est ce que tu as de plus précieux. Point barre.

Tu as le choix de pouvoir faire monter ou descendre le chiffre sur ton compte en banque en fonction de ta discipline financière, tes choix, tes revenus, etc.

Question relations, tu vas te faire plein d'amis et en perdre autant, t'éloigner de certains membres de la famille et te rapprocher d'autres, vivre un amour passionné et des histoires sans lendemain. Rien n'est figé. C'est ce qui fait la beauté des relations justement.

Aussi, tu as une certaine marge de manoeuvre sur ta santé physique et mentale. Si tu ne te sens pas bien dans ta peau ou dans ta tête, tu peux toujours rattraper le coup ou au moins t'en donner les moyens. Tu connais sûrement des gens qui ont déjà guéri d'une dépression ou changé d'alimentation pour se sentir mieux. C'est peut-être même déjà ton cas.

En fait, quand tu y penses, quasiment tout dans la vie est réversible. Il n'y a presque rien que tu ne puisses pas rattraper d'une manière ou d'une autre. Presque.

Parce que le temps, lui, est souverain. On a pas encore trouvé le moyen de le contrôler. Il ne fait que passer, seconde après seconde.

Tu ne pourras jamais rattraper une minute passée et tu ne pourras jamais revenir en arrière pour refaire une journée. Tu avances sans aucun retour possible vers une issue fatale. Ce que tu fais du temps qui t'est donné sur le chemin est entièrement de ta responsabilité. Si tu ne saisis pas l'opportunité de l'exploiter quand tu en as l'occasion, tu le perds à jamais.

À ta naissance, tu as reçu une espérance de vie moyenne de 30000 jours. C'est comme une épargne que tu échanges contre de la vie. À toi d'en faire bon usage. Quand tu travailles, tu échanges du temps contre de l'argent. Quand tu fais du sport, tu échanges du temps contre de la santé. Quand tu fais un câlin à ton enfant, tu échanges du temps contre de l'amour. Etc. C'est un mélange complexe de tes valeurs, ton éducation, tes priorités et tes croyances qui vont guider tes choix et la manière dont tu investis ton capital temps pour construire ta vie.

« J'ai pas le temps. » Sérieusement?

Supposons que tu aies un boulot salarié en horaires "*classiques*" (9h-17h) à 1 heure de trajet de chez toi. Tu passes 10 heures au travail et dans les transports. Disons que tu consacres 4 heures incompressibles pour les corvées, les imprévus, le temps de se préparer, les repas, etc. Ajoutons les 7 heures minimum de sommeil que je te recommande si tu veux pas flinguer ta santé. Il te reste chaque jour ouvré 3 heures de libres. Peut-être même plus si tu as moins de temps de trajet et/ou une organisation au poil. Les week-ends, tu peux facilement disposer à ta guise d'une dizaine d'heures. Si je résume, chaque semaine tu as 25 heures que tu peux utiliser à faire tout ce que tu veux. Une journée entière. En sachant ça, que penses-tu de la fameuse excuse "*j'ai pas le temps?*" Es-tu conscient de ce que tu fais de ces 25heures? En as-tu le contrôle?

On prend toujours mieux conscience des choses quand on les vit. Pour te rendre compte de la quantité de temps libre que tu as dans ta vie, je t'invite pendant 10 jours à faire l'effort de noter chaque soir combien d'heures libres tu as eues dans la journée et comment tu les as utilisées. Le résultat devrait te plaire.

Ça prend du temps. Et alors?

Quoique tu fasses, le temps passe.

Que tu décides de te complaire dans le confort ou de te donner à fond, le temps passe toujours de la même façon. Mieux vaut alors t'activer pour en faire quelque chose.

Souvent, les gens ne se lancent pas dans la poursuite de leurs objectifs parce qu'ils sont découragés d'avance que les résultats prennent du temps à arriver. Je trouve ça dommage et ridicule parce que c'est un très mauvais choix stratégique. D'ailleurs, ils s'en rendent compte eux-même lorsqu'ils font un bilan (généralement en fin d'année). Ils prennent conscience du temps qui est passé et se rendent compte que s'ils en avaient fait un peu chaque jour, ils auraient eu des résultats considérables. Eh oui! C'est aussi bête que ça: ça avance lentement, mais ça va toujours plus vite que de rester le cul vissé dans le canapé.

Si j'en reviens à ces fameuses 25 heures, tu peux faire le choix de considérer que t'en fais assez au quotidien, te relâcher, et les utiliser pour te divertir à vie. C'est viable. 97% des gens le font. Ou alors, tu peux décider de chercher à vivre à ton plein potentiel en reprenant le contrôle de ce temps pour être plus productif, pour t'aider toi-même, aider les autres et avancer vers tes buts ultimes. En somme, Tu peux décider de sacrifier 25h d'un confort médiocre pour construire une vie exceptionnelle.

Et 25 heures par semaine pour 52 semaines par an, ça en fait du temps pour avancer. Si tu fais les bons choix, dans un an, par exemple:

- tu auras perdu ces kilos en trop, ton corps sera plus tonique et tu auras une énergie d'enfer;
- tu auras enfin lancé ta boutique d'objets faits main qui marche du tonnerre vu la qualité que tu délivres;
- ta chaîne Youtube / ton compte Instagram / ton blog aura suffisamment grossi pour te permettre de dégager des premiers euros en parlant de ce qui te passionne;
- tu auras publié ce livre qui te faisait rêver et tu recevras des témoignages gratifiants de personnes à qui il aura changé la vie;
- tes formations en finance et tes stratégies d'investissements auront tellement fait fructifier ton épargne de départ que tu pourras envisager d'en vivre d'ici quelques années;
- tu auras travaillé sur toi pour changer ton comportement trop abrupt et améliorer les relations familiales;
- etc...

Ou alors, tu auras continué de te chercher des excuses, de te persuader que tu n'as pas de temps tout en le perdant bêtement. Du coup, tu n'auras rien fait de tout ça et, dans un an, tu en seras au même point, caressant le doux rêve d'accéder à une vie plus belle.

Ne laisse pas le délai d'obtention des résultats être un frein à ton développement. Accepte plutôt que le temps passe et fais-en une ressource précieuse au quotidien et sur le long terme.

Reprends le contrôle au quotidien.

Exploiter ton temps au quotidien signifie que tu dois savoir comment tu le dépenses dans une journée et faire les ajustements nécessaires à la réalisation de tes objectifs. Et il y a une multitude de façons de perdre son temps malheureusement. Je te liste ci-dessous quelques unes qui t'en bouffent beaucoup et que tu dois contrôler au plus vite.

Faire des tâches chronophages - Ce sont toutes ces choses qui te semblent absolument nécessaires mais qui sont, au final, complètement inutiles. Tu devrais arrêter de les faire pour mieux exploiter le temps gagné. Je vais te donner un ou deux exemples qui vont te sembler ridicules ou te faire sourire mais c'est bien là le piège. Ces petites tâches semblent anodines et tu les fais sans réfléchir mais quand tu fais le bilan du temps qu'elles t'ont coûté dans la journée, tu constates que ce sont plusieurs heures qui auraient pu être épargnées. L'exemple typique c'est le classement de tes mails personnels. Je l'ai longtemps fait et j'ai complètement arrêté. Tu reçois des dizaines voire des centaines de mails par jour. Si tu cherches à les trier et les classer efficacement, tu mets le doigt dans un engrenage qui te fait perdre chaque jour un temps monstrueux. Ta boîte mail a une fonction recherche. Utilise la quand tu as besoin d'en retrouver un en particulier et épargne-toi ce casse-tête hyper chronophage. Autre exemple: je connais des gens qui repassent leurs sous-vêtements (oui je t'avais prévenu que les exemples te feraient sourire). Je trouve ça hallucinant. Je continue de chercher mais je pense que c'est l'action la plus inutile et la plus chronophage qu'il m'ait été donnée de voir. L'intérêt de la tâche n'est pas à la hauteur de la minutie qu'elle demande. Je pense que tu as saisi l'idée et que tu as peut-être déjà identifié ces petites choses que tu vas arrêter dans ton quotidien pour gagner un temps précieux.

Accepter qu'on exploite ton attention - Si le temps est précieux pour toi, sache qu'il est encore plus pour les publicitaires. Plus tu donnes de ton temps et de ton attention à un contenu, plus ton cerveau devient réceptif aux publicités qui l'accompagnent, et, plus tu es susceptible d'acheter. Ce n'est pas moi qui le dit, c'est Patrick Le Lay, ancien PDG du groupe TF1 qui, en 2004, déclarait: *"à la base, le métier de TF1, c'est d'aider Coca-Cola, par exemple, à vendre son produit. Or, pour qu'un message publicitaire soit perçu, il faut que le cerveau du téléspectateur soit disponible. Nos émissions ont pour vocation de le rendre disponible : c'est-à-dire de le divertir, de le détendre pour le préparer entre deux messages. Ce que nous vendons à Coca-Cola, c'est du temps de cerveau humain disponible."*

Au passage, j'espère vraiment que cette citation va te vacciner de la télé. C'est un des plus grands services que tu peux te rendre. Il existe un business énorme autour de ton attention qui s'appuie sur une nouvelle science appelée captologie. C'est l'étude de l'informatique et des technologies numériques comme outil d'influence et de persuasion des individus. En 2018, en France seulement, le marché de la publicité s'élevait à 14,4 milliards d'euros[6]. C'est un chiffre colossal qui est en progression constante. Que ce soit sur les réseaux sociaux, à la télé, en streaming, sur les applications et dans les jeux, n'oublie pas que tu es de la matière à exploiter pour des hordes de marketeurs, des spécialistes de psychologie et de la manipulation. Ils savent exactement sur quels biais cognitifs jouer pour que tu t'agrippes à leur contenu et que tu consommes au maximum.

---

[6] https://cutt.ly/rmvm-marche-publicitaire

Pour contrer ça, tu n'as pas d'autres choix que de contrôler fermement le temps que tu consacres aux écrans et à ta distraction. Avant de te connecter, définis une durée maximum et mobilise ta discipline pour t'y tenir coûte que coûte quand arrive le moment d'arrêter.

Tolérer le temps mort - le temps mort c'est le temps que tu perds bêtement pour des trucs qui ne t'apportent rien.

Typiquement, quand tu subis les banalités d'un collègue ou d'une connaissance. Si votre temps ne sert pas à un échange enrichissant pour l'un de vous deux, ça ne devrait pas durer plus d'une minute, le temps de se saluer chaleureusement. Coupe court aux discussions stériles et aux ragots qui ne font que perdre ton temps. Ne brade pas ce que tu as de plus cher pour écouter encore une fois Jean-André des RH venir se plaindre du mauvais temps ou de sa femme qui cuisine trop salé. Tu t'en fous. Tu as une vie MAXIMALE à construire. Assure-toi de faire connaître ton nouvel état d'esprit à tes collègues, tes amis et tes proches en leur expliquant clairement et honnêtement pourquoi tu prends de telles mesures. Tu leur rendras service. Ils doivent, eux aussi, connaître la valeur de leur temps.

Le temps mort c'est aussi celui que tu passes dans ces fameux moments de "détente" à trainer sur le canapé en passant d'un écran à l'autre sans trop savoir quoi faire. Tu as trop de choix et tu as du mal à en faire un. C'est l'un des paradoxes de notre société. Dès que tu te lances dans un film, une série ou un jeu, tu regrettes presque immédiatement en te disant que l'autre choix aurait été meilleur. Au final, tu ne prends aucune décision ferme et ça dure des heures. C'est de la procrastination pure, celle qui alimente un gros sentiment de frustration et de mal-être. Le remède est de planifier ta soirée pour savoir exactement quoi faire ou, si tu te réveilles tôt, aller dormir.

Il y a des dizaines d'autres exemples de temps mort que je ne développe pas ici. Reste vigilant et n'accepte jamais de perdre ton temps bêtement. Il est trop précieux.

Vouloir faire parfaitement - Chercher à faire parfaitement est une source colossale de perte de temps. Salvador Dali a écrit *"Ne craignez pas d'atteindre la perfection, vous n'y arriverez jamais"*. Vise plutôt l'excellence. Cherche à ce que les choses avancent et s'améliorent constamment. Vouloir que tout soit parfait surtout quand tu pars de loin, voire même de zéro, est une grave erreur.

Déjà, si tu attends le moment parfait pour faire quelque chose, tu vas attendre une éternité. Quand tu es sur un grand boulevard en voiture, tu n'attends pas que tous les feux passent au vert sur un kilomètre pour foncer. Tu avances un peu dès que tu peux. Tu dois faire pareil dans ta vie. Ça t'évitera de gâcher un temps précieux que tu aurais pu déjà convertir en résultats. Oublie le mythe du moment parfait, il n'existe pas. Il vaut mieux plein de petits pas en zigzag qu'un grand pas que tu ne feras jamais. Dans le premier cas, tu avances, dans l'autre tu continues de stagner.

Même une fois passé à l'action, oublie la perfection. Je t'invite fortement à vivre selon le principe de Pareto[7] ou principe 80/20. C'est un principe empirique qui dit que 80% de tes résultats viennent de 20% de tes actions. Ce qui veut dire que si tu cherches à atteindre les 100%, tu vas devoir fournir 80% de tes efforts pour 20% de résultats restants. C'est clairement pas rentable. Le ratio 80/20 est celui qui a été figé par l'histoire mais ça peut très bien être du 60/40 ou du 99/1. Il faut surtout retenir la philosophie du principe qui est que tu n'obtiens jamais de résultats proportionnellement à tes efforts. En résumé, plus tu approches de la perfection, plus tu dois fournir un travail exagérément disproportionné. Tout le temps que tu mets à achever

[7] Vilfredo Pareto, Écrits sur la courbe de répartition de la richesse, Genève, Droz, 1965. (réédition)

quelque chose parfaitement, tu ne le passes pas à démarrer autre chose efficacement.

Et puis, l'imperfection a un dernier avantage colossal. Quand tu fais des centaines de petits pas tout moches, tu es beaucoup plus susceptible de développer une immunité à l'échec et d'apprendre en continu. Tu peux te permettre d'en rater 1, 5 ou même 37 parce que tu sais que tu vas pouvoir te rattraper sur les autres. En plus, à chaque faux pas, tu corriges ta démarche et tu t'améliores. Maintenant, imagine que tu te foires sur ton pas de géant. Tu as attendu un bail et tu le loupes. C'est comme si tu prenais un coup de massue dans la tête. Pour t'en remettre, il te faudra un sacré moment et une force mentale digne d'un athlète olympique. Il est peu probable que tu retentes l'expérience et, de fait, ton développement s'arrête net.

Tu as du temps. Tu n'as pas de priorités.

En faisant gaffe à la façon dont tu dépenses ton temps dans ta journée, tu vas vite te rendre compte d'une chose: tu as beaucoup plus de temps que tu ne le croies. T'en as tellement que tu te permets même d'en perdre. Le souci c'est que tu n'as pas conscience de sa vraie valeur et que, donc, tu ne définis pas tes priorités. Tant que tu donneras plus d'importance aux buts de Ronaldo, au prix de la dernière robe de Kim Kardashian ou, comme moi il y a 10 ans, à tes stats de jeux vidéo, tu auras la vie qui va avec.

Une priorité c'est le *"fait pour quelque chose d'être considéré comme plus important que quelque chose d'autre, de passer avant toute autre chose."*

De passer avant tout autre chose.

Si tu définis clairement ce qui passe avant tout pour toi, tu changes inévitablement ta perception du temps puisque tu cherches à en consacrer un maximum. Tes priorités doivent se dégager naturellement de l'exercice de définition de ta vie MAXIMALE que tu as fait dans le chapitre précédent. Identifie-les et assure-toi de leur donner l'importance qu'elles méritent dans ta journée.

Par définition, la priorité, en accaparant ton temps, peut même passer avant l'argent. Sauf que c'est lui qui dirige le monde et que tu dois composer avec. Pour t'aider à faire le meilleur choix chaque fois que l'argent entre en jeu dans une prise de décisions, je te propose d'estimer concrètement la valeur d'une heure de ton temps. Évidemment, c'est inestimable, sauf que "*inestimable*", ça ne te parle pas. C'est trop abstrait pour toi qui es conditionné à tout évaluer avec des chiffres comme l'a bien compris Le Petit Prince: *"Si vous dites aux grandes personnes: "J'ai vu une belle maison en briques roses, avec des géraniums aux fenêtres et des colombes sur le toit…", elles ne parviennent pas à s'imaginer cette maison. Il faut leur dire:"J'ai vu une maison de cent mille francs." Alors elles s'écrient: "Comme c'est joli!""*

Passe le test[8] *"Value of your time calculator"* proposé par le site ClearerThinking.org et tu auras une estimation chiffrée d'une heure de ton temps qui te fera peut-être dire *"Comme ça vaut cher!"*. Cette évaluation pécuniaire de tes minutes va te donner un chiffre précis auquel tu pourras te référer à chaque fois que tu auras l'impression de les perdre. Ça te fera plus mal d'imaginer perdre 90€ plutôt que 53 minutes. C'est con mais c'est comme ça qu'on fonctionne.

Aussi, cela te sera très utile pour faire des arbitrages au quotidien à chaque fois que ton temps entre en jeu. Par exemple, est ce que tu ne ferais pas mieux de prendre un taxi qui te fera gagner une heure même s'il coûte 20€ de plus? C'est une heure que tu peux convertir en résultats ou en moments privilégiés avec tes enfants. Est ce que ça serait pas mieux de faire appel à un service d'aide à domicile pour ton ménage et ton repassage? Quel est le réel coût financier et est ce que ça

---

[8] https://cutt.ly/testvaleurdetemps

ne vaut les heures gagnées? Si tu gères une boîte, est-ce que tu ne pourrais pas déléguer certaines tâches obligatoires mais chronophages et consacrer du temps à des activités à plus forte valeur ajoutée?

L'idée est vraiment de voir l'argent comme ce qu'il est vraiment: un simple outil que tu dois utiliser pour te faciliter la vie. Le plus marrant avec cette question d'arbitrage, c'est que c'est quelque chose qui te semble complètement naturel si tu changes d'échelle en pensant à des personnes ultra riches ou célèbres. T'imagines Will Smith nettoyer sa piscine pendant 5h? Tu crois vraiment qu'Elon Musk va repousser une réunion sur la colonisation de mars parce qu'il doit faire le couscous du soir? Même si je t'ai pris des extrêmes pour illustrer mon propos, ça ne doit pas le déformer. Ce n'est pas parce qu'ils gagnent plus qu'ils valent plus. Ton temps est tout aussi inestimable parce qu'il s'écoule à la même vitesse. Prends les décisions qui t'en font gagner à chaque fois que c'est possible de façon à avancer à fond sur tes projets et ta réussite.

C'est un fait: pour atteindre ta vie MAXIMALE, tu dois bousculer tes habitudes et tes croyances. Celles sur le temps et l'argent aussi. Les conseils que je t'ai donnés à ce sujet sont peut-être nouveaux et choquants mais rappelle toi que si tu lis ce livre c'est pour mettre ta vie sur orbite. Ça suppose de changer les schémas de pensée et de fonctionnement que tu avais jusque-là et qui ne t'ont pas apporté un épanouissement suffisant.

***

Dans ce chapitre, je t'ai montré à quel point le temps est un atout précieux que tu dois protéger et bichonner par tes actions au quotidien. Ce n'est que la partie émergée de l'iceberg. Le temps joue un rôle encore plus crucial dans la poursuite de ta vie MAXIMALE. Je t'en parle dans le chapitre suivant.

RETIENS SURTOUT ÇA.

- **Ton temps est extrêmement limité et quand tu le perds, c'est pour de bon.** C'est ce qui le rend aussi précieux.

- Ta vie découle directement de ta façon de dépenser ton temps.

- Le temps est souverain. Il passe que tu stagnes ou que tu t'actives.
  "Ça prend du temps" n'est PAS une excuse pour abandonner, ou pire, ne pas te lancer.

- Ne tolère plus de perdre ton temps au quotidien.
  Sois ferme dans tes décisions, discipliné dans tes distractions et sélectif dans tes relations.

- **Considère l'argent seulement comme un outil qui te permet de gagner du temps.**
  Utilise-le dans ce but à chaque fois que c'est possible et rentable.

Thomas

24 ans, ingénieur agronome et coach fitness, 6H30
*@etudiant_et_nutrition_*

Le réveil matinal ? Au début on se dit "*mais jamais je vais arriver à me lever aussi tôt!*"

Puis quand tu réalises qu'après le boulot à temps plein, tu es trop crevé le soir pour bosser sur tes projets personnels, tu te dis: "*et si je commençais mes journées par ce qui me tient le plus à cœur?*"

D'ailleurs, c'est connu, il est plus judicieux de placer ses "*grosses pierres*" c'est à dire ses projets les plus importants pour soi au début de journée plutôt qu'en fin. Au moins on est sûr de les avoir faits! Ce qui est fait n'est plus à faire.

En ce qui me concerne, avec mes journées de stage et mon blog à gérer, j'ai simplement décalé mon heure de réveil d'une heure. 1 heure de plus pour bosser le matin sur ma passion. Je suis ensuite tranquille le soir où je peux me détendre et éviter de veiller tard avec un écran devant les yeux.

Alors, oui, ça risque d'être dur au début mais franchement ça en vaut la chandelle.

Il faut savoir commencer petit. ;)

4. NE SOIS PAS PRESSÉ

« Ne renoncez jamais à un rêve juste à cause du temps qu'il faudra pour l'accomplir. Le temps passera de toute façon. »
Earl Nightingale

Reprendre le contrôle de ton temps au quotidien va te demander pas mal d'efforts et de remise en questions. Ce ne sera pas facile mais c'est une première étape obligatoire. Une première étape. Oui. Seulement.

Parce que pour atteindre ta vie MAXIMALE, tu vas devoir, en plus, mettre à profit ton temps sur le long terme. Je t'explique tout ça en commençant par un souvenir personnel.

Le piège de la gratification immédiate.

J'ai grandi sur l'île de la Réunion qui est connue pour pas mal de trucs sympas et notamment, ses rhums arrangés. Ce sont des rhums dans lesquels on laisse infuser pendant plusieurs mois voire même plusieurs années des fruits et/ou des plantes locales afin d'obtenir une boisson forte mais subtilement relevée d'arômes délicats. Ces boissons sont une véritable tradition qui font partie du folklore local. Des personnes possèdent des collections de ces bouteilles tout comme on pourrait avoir une cave à vin et des grands crus. Et comme pour le vin, les rhums arrangés se bonifient avec le temps au fur et à mesure que les arômes se développent et s'intensifient. En tant que bon réunionnais, mon père était un adepte de rhum arrangé et, comme beaucoup, il en faisait lui-même à base d'ananas Victoria, de letchis ou de sélections d'herbes médicinales. Là où mon père faisait plus fort que les autres était dans sa méthode de préparation. Il était contrôleur qualité dans une usine de fabrication de plastiques et était amené à réaliser des tests de vieillissement sur des échantillons de produits dans l'eau à 80°C. Vieillissement? Ça a fait "*tilt*" chez lui. Il s'est empressé de transposer cette méthode à la préparation de rhums arrangés. Il glissait à l'intérieur de la bouteille tous les ingrédients et la mettait au bain-marie pour faire bouillir le rhum afin, selon lui, d'obtenir le même résultat qu'après plusieurs mois d'infusion. J'étais trop jeune à l'époque pour goûter à ses merveilles et je ne saurais te dire si ça fonctionnait. Je pense que le résultat ne pouvait être à la hauteur des "vrais" rhums arrangés parce qu'il avait supprimé l'ingrédient essentiel qui leur donne toute leur saveur: le temps.

En fait, mon père agissait selon un biais cognitif qui nous atteint tous en tant qu'humain: la gratification immédiate. C'est le concept qui fait que tu veux tout, tout de suite. Ce biais est profondément ancré en nous comme un réflexe de survie depuis la préhistoire. Quand nos ancêtres tombaient sur une proie, ils devaient immédiatement la chasser pour survivre parce que, dans les conditions rudes qu'étaient les leurs, ils ne savaient pas quand serait le prochain repas. Ton cerveau, qui a hérité des mécanismes ancrés à cette époque, passe son temps à la recherche d'opportunités de lui donner satisfaction immédiatement, comme si ta vie en dépendait. D'où le succès, par exemple, des pilules brûle-graisse ou des pyramides de Ponzi qui te promettent des gains faciles, immédiats et sans efforts. Tu as déjà réfléchi au concept de jean neuf délavé et troué? Pour moi, c'est LE symbole de notre appétit insatiable pour la gratification immédiate. Des millions de gens paient plus cher un jean neuf qu'on a torturé en usine pour qu'il ait un état répliquant celui qu'il aurait eu, de toute façon, au bout de quelques années. Quand j'y pense, je suis bien soulagé qu'on n'ait pas encore trouvé le moyen de raccourcir les 9 mois de grossesse.

Au quotidien, la gratification immédiate se traduit par une course effrénée à la consommation. Les industries productrices proposent sans arrêt de nouveaux produits, de nouveaux gadgets, de nouvelles émissions pour en tirer profit en continu, et, les consommateurs se jettent dessus pour satisfaire leur besoin primitif de se satisfaire dans l'instant. Ce besoin est tellement puissant qu'il peut même te pousser à t'endetter pour t'offrir le dernier smartphone à la mode (698 milliards d'euros de crédit à la consommation en France en 2018[9], en croissance annuelle de 5%), à mettre ta santé en jeu en consommant des cochonneries (trop grasses, trop sucrées, bourrées de produits chimiques) qui te procurent plus de plaisir qu'un aliment sain ou encore à consacrer ton temps au plaisir immédiat du divertissement plutôt qu'à la frustration de ta démarche de développement.

La gratification différée: la clé de la réussite.

Je ne cherche pas à diaboliser le fait de se faire plaisir. Ça fait partie de la vie. Heureusement. Je pense juste que ça doit rester sous contrôle et/ou venir comme une récompense à un effort fourni vers l'accomplissement d'objectifs plus grands.

Se faire plaisir doit être l'exception et non la règle.

La règle, elle, doit se calquer sur le principe de la gratification différée: sacrifier ou résister à quelque chose dans le présent en vue de l'obtention d'une récompense plus grande plus tard.

[9] https://cutt.ly/rmvm-credit-consommation

Il existe une étude scientifique très célèbre qui illustre ce principe. Il s'agit de l'expérience du marshmallow. Cette expérience[10] menée entre 1968 et 1974 par le psychologue Walter Mischel de l'université de Stanford consistait à donner le choix à 550 enfants âgés entre 3 et 5 ans d'avoir un marshmallow immédiatement ou d'attendre 15 minutes pour en obtenir deux. Une fois l'enfant laissé seul avec la friandise offerte, les scientifiques mesuraient le délai avant qu'il ne craque. Les enfants ont été suivis dans leurs vies et, plusieurs années plus tard, Mischel et son équipe ont remarqué un phénomène intéressant. Les enfants qui avaient patienté pour obtenir une récompense plus élevée semblaient obtenir plus de succès dans leur vie. Ils avaient de meilleurs résultats à l'école, un indice de masse corporelle plus faible ainsi qu'un degré de scolarité et des revenus plus élevés. Ces enfants avaient conservé la même mentalité dans leur vie en pensant systématiquement au long terme et c'est ce qui a pu garantir leur succès.

Garde en tête que c'est avec le temps que tes efforts quotidiens vont payer et te donner une vie MAXIMALE. Tu ne peux pas les économiser et espérer un avenir radieux. Ça ne marche pas comme ça. Toutes les histoires de personnes qui ont connu un succès retentissant comportent obligatoirement un chapitre relatant les sacrifices et les privations qu'elles ont endurés avant de réussir.

Gary Vaynerchuk est un entrepreneur à succès multimillionnaire, un auteur de quatre best-sellers reconnus par le New-York Times et une figure mondialement reconnue du web. Il a condensé le concept de gratification différée dans une formule choc que je t'invite à garder en tête H24: *"Macro Patience, Micro Speed."* Ça consiste à prendre du recul pour avoir une vision globale (macro) de tes objectifs lointains et à surtout faire preuve de patience avant de les atteindre. Ça ne veut surtout pas dire de rester les bras croisés à attendre que ça tombe tout cuit. Au contraire. Au quotidien (micro), tu dois t'engager à faire ton maximum sans délai (speed) en vue d'atteindre ces objectifs tout en

---

10 Mischel, W., Ebbesen, E. B., & Raskoff Zeiss, A. (1972). Cognitive and attentional mechanisms in delay of gratification. Journal of Personality and Social Psychology, 21(2), 204–218. https://doi.org/10.1037/h0032198

n'ayant aucune attente à court terme. Or, la plupart des gens veulent l'inverse: atteindre leurs objectifs lointains rapidement sans effectuer le travail quotidien nécessaire. S'ils abandonnent c'est parce qu'ils n'arrivent pas à encaisser les sentiments de lassitude et d'injustice qui se développent quand tu pratiques la gratification différée. Il y a de quoi: tu travailles comme un dingue chaque jour sans voir aucun résultat. Ton cerveau déteste.

Personnellement, je pratique la gratification différée dans tous les aspects de ma vie parce que je suis persuadé que c'est la seule façon d'atteindre les buts que je me suis fixés. Je me lève chaque jour très tôt, à 4h30, pour me faire passer en priorité et consacrer du temps à des activités à forte valeur ajoutée. Ces activités sont à la fois dédiées à mon développement et à la valeur que je veux apporter aux autres. Par exemple, je consacre 1h chaque matin à l'écriture de ce livre parce que je bous d'impatience de transmettre ma méthode de réussite personnelle clés en main basée sur le réveil matinal. Ça avance très lentement et c'est décourageant mais c'est parce que j'ai persévéré que tu peux lire ces mots. Ensuite, je consacre 15 minutes à alimenter les réseaux pour inspirer quotidiennement des personnes, les pousser à conquérir leur vie MAXIMALE. J'ai très peu de retours immédiats. Par contre, de temps en temps, des personnes reconnaissantes me remercient pour la motivation que j'ai fait naître chez elles et qui les a aidées à avancer dans leur vie. Je ne sais jamais quand ça va arriver mais quand c'est le cas, c'est toujours aussi gratifiant. Ça redonne une niaque d'enfer pour continuer. Chaque jour, je fais une séance de sport ou d'étirements. Là, je cumule gratifications immédiate et différée puisque ça me donne la patate sur le moment et, en plus, je récolte les bienfaits reconnus du sport. Je m'assure de pouvoir vivre en excellente santé jusqu'à un âge avancé. Je lis au moins 10 minutes chaque matin. Ça paraît peu mais ça ne l'est pas. 10 minutes pour un lecteur moyen, ça fait 10 pages. Si, comme moi, tu le fais chaque jour, au bout d'un mois tu as lu 310 pages soit un gros livre. Au bout d'un an, ça représente 15 livres de 250 pages. C'est de la gratification différée pure. Ces 10 pages quotidiennes t'apportent peut-être peu sur le moment, mais, de leur accumulation tu retires une masse colossale de connaissances, de techniques et de pistes de réflexion qui te font grandir. Enfin, je prends le temps de préparer un petit déjeuner sain pour nourrir correctement mon corps et celui de mes proches. En faisant ça, je prends soin de leur santé physique et je réduis considérablement le niveau de stress du matin en faisant en sorte que tout soit prêt quand la maison se réveille. Si les bénéfices sont déjà intéressants au quotidien, ils le sont encore plus sur le long terme puisque nous avons pris l'habitude de partager ce repas en famille dans une ambiance détendue propice à l'échange et à la création de liens forts.

Macro patience, micro speed.

Pour pouvoir me réveiller tôt et faire tout ça, je dois faire le "sacrifice" de soirées de procrastination à regarder la dernière série à la mode ou à jouer à la Xbox. C'est le jeu. Par définition, la gratification différée suppose de la privation. Plus vite tu l'intègreras, plus vite tu développeras ta résistance à la frustration et plus vite tu connaîtras un succès éclatant dans ta vie.

C'est une question de choix. Encore et toujours.

---

4 astuces pour bétonner ta persévérance

Je partage avec toi 4 techniques que j'utilise pour que tu puisses à ton tour intégrer durablement la gratification différée dans ton quotidien et persévérer.

Connais tes "POURQUOI" - Si tu veux adopter une stratégie de gratification différée, tu dois connaître tes **POURQUOI**. Les **POURQUOI** sont des raisons de te lancer qui te prennent aux tripes, que tu brûles d'envie d'atteindre un but ou que tu ne supportes plus la souffrance de ta situation actuelle. Quand la motivation diminue, te rappeler tes **POURQUOI** te permet de persévérer et de te regonfler à bloc.

Le contre-exemple parfait c'est les résolutions de la nouvelle année. 90% des gens abandonnent au bout de 15 jours et ce n'est pas surprenant. Ils n'ont pas de **POURQUOI** et se lancent sans conviction pour jouer le jeu d'une tradition populaire ridicule. Si tu attends un jour précis de l'année pour formuler un souhait vague et passer mollement à l'action, c'est que ta souffrance n'est pas assez grande, que ton envie de réussir est à peine tiède là où elle doit être brûlante comme de la lave en fusion. Bien sûr que c'est voué à l'échec. À l'année prochaine.

Avec un **POURQUOI** fort, je te garantis que tu continues de te battre même si le ciel te tombe sur la tête.

Transforme toi dans le processus - la gratification différée te demande de faire beaucoup de sacrifices à court terme pour atteindre tes buts à long terme. Ça peut sembler effrayant et décourageant, mais, de mon expérience, je peux t'assurer que ces sacrifices qui te semblent énormes au début du processus se transforment peu à peu en habitudes gagnantes. Des habitudes dont tu retires beaucoup de fierté et de plaisir qu'elles fassent partie de ton quotidien. Elles te permettent de te transformer et devenir une toute autre personne, beaucoup plus forte et confiante dans ses capacités. C'est un atout de poids pour construire ta vie MAXIMALE.

Supposons que tu doives arrêter de fumer. Au départ, l'effort de refuser une cigarette te demande des ressources mentales gigantesques et tu as l'impression que tu ne pourras jamais tenir dans le temps. Pourtant, jour après jour, en continuant de refuser de céder à tes mauvaises habitudes, en restant focalisé sur l'objectif de te débarrasser de ce poison qui ronge ta santé et tes finances, tu développes une grande fierté à réussir à te contrôler. Bientôt, ce sentiment devient assez grand pour épauler ta volonté et réduire les efforts que te demande de résister. C'est ainsi qu'au bout de quelques mois, tu prends un immense plaisir à avoir atteint ton but et à refuser sans aucun problème les cigarettes qu'on te propose.

Suis tes progrès - c'est un excellent moyen de te rappeler le chemin parcouru et les buts déjà atteints. Quand tu te lances à fond dans un projet, tu as la tête dans le guidon. Faire le point régulièrement te permet de réaliser l'avancée et de te rassurer sur ta capacité à obtenir des résultats. Je n'ai pas de conseils particuliers à te donner en ce qui concerne la forme et la fréquence de tes notes. Fais selon ton feeling. Personnellement, je suis quelques-uns de mes résultats dans un journal papier toutes les semaines.

Récompense-toi - Faire des sacrifices dans le présent en vue d'un avenir beaucoup plus radieux est une stratégie qui fonctionne. Je n'ai aucun doute là dessus. Par contre, il ne faut pas pour autant en oublier de vivre. L'idée n'est pas de devenir une machine qui passe complètement à côté des plaisirs du présent. Il s'agit plutôt de doser ceux-ci sans mettre en péril l'atteinte de tes objectifs. Si tu te frustres trop, tu risques d'exploser et d'abandonner. Ça serait dommage. Au contraire, si la récompense est trop importante ou fréquente, tu t'exposes à une rechute dans tes mauvaises habitudes. Tu dois te récompenser pour tes efforts à un intervalle de temps choisi stratégiquement ou à chaque fois que tu fais une avancée significative vers ton objectif. Il ne faut pas que la récompense soit contre-productive de par sa nature, ses proportions, son intensité ou sa durée.

Par exemple, si tu as tenu une semaine sans fumer, la récompense ne peut évidemment pas être une cigarette. Ça tuerait complètement tes efforts. Ça semble évident? Va le dire aux millions de personnes qui font cette gaffe et qui flinguent leur démarche. Si tu suis un plan d'alimentation strict, tu peux te faire plaisir avec un repas "hors cadre" sans tomber dans l'excès et de temps en temps. Si tu travailles dur chaque matin sur tes projets et que tu as fait de belles avancées sur deux semaines, tu peux te récompenser avec un matin détente où tu décides de te divertir. C'est vraiment à toi de choisir ta récompense en fonction de tes goûts et de ce que tu estimes mériter au regard de tes efforts. Pour ma part, au tout début de ma démarche de reprise de sport, je m'étais offert une nouvelle paire de baskets au bout de 3 mois où j'avais atteint mes objectifs de course à pied.

N'abandonne surtout pas.

À ce stade, j'espère avoir réussi trois choses: te sensibiliser à la valeur de ton temps, te montrer à quel point il joue un rôle crucial dans la poursuite de ta vie MAXIMALE et surtout l'ampleur des sacrifices et des frustrations que tu vas devoir endurer au quotidien sur un long terme.

À chaque fois que tu te demanderas pourquoi tu t'infliges un truc pareil, aie le réflexe de te rappeler **POURQUOI** tu t'es lancé. Mais ce n'est pas tout. Rappelle toi surtout que tu n'es pas le seul à le faire. Tu fais partie d'une communauté de vainqueurs qui ont décidé de ne rien lâcher et de tout donner pour devenir meilleurs et aider le monde à le devenir.

T'es pas seul à suer.

T'es pas seul à douter.

T'es pas seul à pleurer.

T'es pas seul à en avoir marre.

Mais t'es la seule personne qui va pouvoir aller chercher tes résultats.

Alors ne lâche surtout pas. Fais confiance au processus. Travaille dur en gardant en tête ta vie de rêve et ne lâche rien même quand l'univers entier te crie de le faire. Souviens toi que le seul moyen d'échouer c'est d'abandonner avant d'avoir réussi.

N'ABANDONNE SURTOUT PAS.

Pense à tous ceux qui traversent la même chose que toi au moment même où tu lis ces mots et bats toi. Parmi eux, il y a au moins moi. De là où je suis, et à travers ces mots, je t'assure que tu vas réussir si tu t'accroches à ce que tu veux vraiment. Il faut que tu donnes tout ce que t'as pour vivre ta vie de rêve. Tu te le dois à toi même.

Allez! On avance ensemble.

RETIENS SURTOUT ÇA.

- **Détache toi urgemment du concept de récompense immédiate et automatique.**

- **Accepte de travailler chaque jour à tes objectifs lointains sans attendre de retour immédiat.** La réussite se nourrit de patience et de frustration.

- Tes objectifs doivent être soutenus et tes actions motivées par des "**POURQUOI**" puissants. Ça doit te prendre aux tripes.

- **Les résultats VONT prendre du temps.** Réjouis toi des changements et des victoires pendant le processus.

- **N'oublie pas de te récompenser sans t'auto-saboter.**

Sandie

20 ans, étudiante, 5h00.
@passe.a.laction

Je me suis toujours réveillée tôt. Venant d'une famille de militaires, j'y avais tout intérêt. En général, je me réveille entre 5h et 6h et mes cours commencent pour la plupart à 8h donc ça me laisse entre deux et trois heures de temps libre.

Malheureusement, je n'avais pas intégré que se réveiller tôt n'était pas forcément synonyme de productivité. Au début, je flânais un peu partout. Je sortais du lit pour prendre mon petit-déjeuner, généralement devant des mangas et je pouvais rester comme ça un bon moment. Au final, il me restait peu de temps pour me doucher, réviser, etc.

On me disait toujours *"WAOUH, j'aimerais trop faire comme toi! Me lever tôt. Tu dois avoir le temps de faire pleins de choses"*. Quand j'entendais ça, je me sentais un peu coupable. Certes, je me réveillais peut-être plus tôt, mais je ne faisais rien de spécial.

J'ai donc commencé à me créer une routine matinale pour essayer d'être plus productive. Effectivement, j'accomplissais plus qu'avant, mais je perdais encore du temps, beaucoup de temps. En y repensant, j'étais plus occupée que productive. La faute à qui ? Le manque de focus. J'étais trop dispersée, je voulais faire 10 000 choses à la fois, j'ai l'impression qu'on fait souvent l'amalgame entre être occupé et être productif.

C'est à ce moment-là que j'ai commencé le challenge RMVM. J'ai pu mieux comprendre la force du réveil maximal et l'exploiter à 100% en définissant mes tâches prioritaires, celles qui me donneraient le plus de résultats. J'ai donc décidé d'allouer plus de temps à mes projets à moyen et long terme tout en conservant des activités qui correspondent à des habitudes que je souhaite acquérir (méditation, sport, lecture,...). C'est ainsi que j'ai pu créer mon site web et travailler sur mon offre de coaching.

Tout cela m'a permis de me rendre compte de l'avantage colossal de pouvoir se réveiller tôt. C'est comme si tu avais une journée de plus par semaine. Qui n'a jamais rêvé de ça?

Ce que j'ai beaucoup aimé également avec la méthode du réveil maximal, c'est la flexibilité qu'elle nous donne. En se réveillant plus tôt et en accomplissant les tâches ou les projets les plus importants et parfois les plus longs le matin, on continue la journée sans stress. Il n'y a plus cette petite voix qui nous dit : *"tu devrais travailler sur x ou y choses au lieu de faire ça."* C'est libérateur.

J'ai aussi remarqué que j'avais plus de temps à donner aux autres. Ça peut paraître contre-intuitif, mais au final, en m'accordant 2 à 3 heures le matin, j'ai tout le reste de la journée à accorder à ma famille et à mes amis tout en avançant au niveau personnel. C'est génial!

5. TA RÉUSSITE EXIGE TON ÉVOLUTION

« Le secret du changement, c'est de concentrer toute votre énergie non pas à lutter contre le passé, mais à construire l'avenir. »
Socrate

Si je te pousse avec autant d'ardeur à mobiliser tes ressources et ta discipline pour accéder à une vie plus belle, c'est parce que je sais que c'est possible. Je l'ai fait. Je t'ai tout dit dans le premier chapitre. Je suis à des années-lumière de celui que j'étais il y a 10 ans.

Mais ce n'est pas la seule raison.

Je pense qu'en tant qu'être humain, tu es câblé pour évoluer et que tu n'as aucune excuse de ne pas le faire sachant toutes les ressources dont tu disposes. Je t'explique tout ça en détail dans ce chapitre que je termine avec deux questions magiques pour t'aider à toujours avancer.

Tu as soif d'évolution.

Quand on jette un oeil à la vie sur Terre, il n'y a pas de débat. On est les êtres vivants avec la plus grosse capacité d'adaptation et d'évolution. Est-ce que tu réalises l'incroyable évolution que l'Homme a traversée en 2 millions d'années? Peut-être que ça te paraît banal et que tu n'y fais plus attention mais c'est vraiment quelque chose d'exceptionnel.

Si toutes les espèces en étaient capables, elles auraient fait de même, non? Or, elles n'ont pas bougé d'un poil. Nous, on est passés d'une grotte sombre et humide à des tours ultra modernes de centaines de mètres de haut qui suivent la course du soleil, d'un langage à base de grognements à des milliers de langues et dialectes plein de subtilités, de dessins primitifs à l'écriture de traités philosophiques et de poèmes.

Je ne peux pas t'expliquer le phénomène. Je me contente juste de le constater avec toi : l'évolution est inscrite dans notre ADN. On fait partie d'une espèce qui déteste stagner et qui cherche constamment à évoluer.

D'ailleurs, ce qui est vrai à l'échelle de notre espèce sur plusieurs millions d'années l'est tout autant à l'échelle de nos civilisations sur quelques siècles. De quoi est faite l'Histoire récente de l'Homme si ce n'est d'une collection d'événements découlant de son désir d'évolution et de conquête: colonialisme, guerres de territoire, conquête spatiale, révolutions industrielles, etc. L'Homme ne supporte pas de rester sur place et de se contenter de ce qu'il a.

Tu es un humain, du coup, tu n'échappes pas à la règle. L'évolution se manifeste aussi à l'échelle de ta vie. Tu as appris à marcher, à parler, à écrire, à faire du vélo (sûrement), à conduire (éventuellement), etc. Tu as déjà fait preuve de ténacité pour apprendre de nouvelles compétences et grandir. À chaque fois, cette évolution était dictée par un besoin et guidée par quelqu'un. C'est ce qui t'aidait à réussir. À partir du moment où la société a arrêté de placer des mentors sur ta route, ton développement s'est arrêté net: tu pensais être arrivé au bout de ce que tu pouvais apprendre. Sauf que, tu le sais maintenant, tu en es loin. Tu en es même qu'au début. Tout ce que tu as acquis jusque là sont des compétences de base pour construire quelque chose de plus grand.

N'étouffe pas cette voie qui te pousse à évoluer.

Si tu as la boule au ventre, c'est ta nature profonde qui te rappelle qu'il reste du chemin à parcourir avant de ressentir un accomplissement profond et authentique. Je ne te parle pas de ces trucs faciles qui te donnent l'impression *"d'avancer dans la vie"*. Tu sais, quand tu essaies de te convaincre que tu as progressé parce que tu t'achètes des trucs plus gros, plus chers. Bien sûr, les possessions matérielles sont nécessaires et elles doivent suivre l'évolution de ta vie extérieure: tu ne vas pas loger ta famille dans ton logement étudiant de $9m^2$ ou l'emmener en vacances sur ton vieux vélo. On est d'accord. Seulement, évoluer sur le plan matériel est plaisant, simple et accessible à tout le monde à hauteur de ses moyens (voire au delà, vive les crédits!) en 2 clics sur Internet. D'ailleurs, c'est parce que c'est simple, que c'est devenu universel. Et c'est parce que c'est devenu universel que c'est devenu le prisme au travers duquel est évaluée la réussite dans notre société.

Mais il y a un hic. Ton appétit pour l'évolution, le vrai, celui qui brûle au fond de toi, qui a la pouvoir de changer ta vie et qui te donne la boule au ventre ne se contentera certainement pas du dernier iPhone. Tu as essayé et tu le sais maintenant: les distractions futiles et la facilité ne calment pas ta soif d'évolution. Pour t'épanouir vraiment, tu auras besoin de t'engager et de faire des choses beaucoup plus difficiles que de sortir la carte bleue.

Aucune voie facile ne te mènera vers les plus hauts sommets.

3 étapes obligatoires pour évoluer.

Pour entamer ta démarche d'évolution, tu dois faire un travail de fond sur ton état d'esprit qui passe par 3 grosses étapes.

1. *Oublie le passé.*

Le passé ne peut avoir sur ta vie que l'emprise que tu lui laisses. À part toi, il n'y a personne d'autre qui peut te le mettre en travers de la gorge H24. Ne te sabote pas toi-même. Comment tu veux avancer si t'as les yeux rivés sur le rétroviseur?

Imagine que tu sautes en parachute. T'es lancé à 300 à l'heure en chute libre. Tu tires sur la corde, le parachute ne s'ouvre pas. Qu'est ce que tu fais? Tu te fais des noeuds au cerveau pour comprendre ce qui s'est passé et chercher où tu as commis une erreur? Tu cherches ce que tu aurais du faire de mieux pour que ton parachute s'ouvre au bon moment? Non, évidemment. Tu balances sans hésiter le parachute foireux et tu passes au suivant le plus vite possible. Quand tu es trop focalisé sur ton passé, tu ne vois pas ce qui t'arrive en pleine face. Donc, tu ne peux pas y réagir efficacement. C'est ta vie que tu mets en jeu. Tu peux dès maintenant décider qu'elle soit comme un livre ouvert. Tu n'as pas à arracher les pages déjà lues et oublier ton passé, tu peux simplement en prendre une nouvelle pour écrire la suite.

Tu dois le faire, non seulement, pour empêcher le mauvais de te hanter et te paralyser mais aussi pour recalibrer ton égo qui a pu enfler suite à des réussites passées. Il se peut qu'il t'empêche de voir la réalité comme elle est vraiment. Se reposer sur des accomplissements passés est aussi mauvais que de se laisser retenir par des regrets antérieurs. Questionne tes habitudes bien établies, remets en cause les connaissances que tu tiens pour acquises, alimente cette soif d'apprendre et d'évoluer.

Considère toi comme une toute nouvelle personne qui va s'engager à fond, dès maintenant pour sa vie MAXIMALE. Tout se passe dans ta tête. C'est un inconvénient parce que personne ne peut appuyer sur un bouton et le faire pour toi, mais, c'est aussi un avantage parce que, du coup, tu as toute la capacité de le faire.

Je te donne ce conseil parce que je l'ai vécu et je peux te dire que c'est libérateur. Mon spectre du passé était le fait que j'ai suivi de longues études et que j'aie décroché un doctorat en physique. Je me suis très longtemps accroché à cet accomplissement. Je voulais absolument obtenir un poste en rapport avec ce prestigieux diplôme parce qu'il m'avait coûté du temps, parce que mes parents avaient tout fait pour m'aider, parce que c'est ce que j'étais persuadé devoir faire. Seulement, plus je cherchais et plus je me rendais compte que cette voie n'était finalement pas celle qui me rendrait le plus heureux. J'ai perdu plusieurs années avant, enfin, d'accepter que ce qui me comblerait serait d'apporter de l'aide aux autres à travers mon contenu, ma personnalité et mon accompagnement. C'est à partir du moment où je lai formulé clairement que j'ai arrêté de chercher un poste en rapport avec mon doctorat, que j'ai pu lancer ma propre affaire et y consacrer toutes mes ressources. Ça m'a permis d'adopter un nouvel état d'esprit beaucoup plus productif. J'avais évolué.

2. *Assume les responsabilités de ta vie.*

Pour évoluer pour de bon, tu dois dès maintenant faire en sorte d'assumer pleinement la responsabilité de tout ce qui se passe dans ta vie. Et ça n'a rien à voir avec le fait d'être responsable. Une grande majorité des gens sont responsables mais n'assument pas leurs responsabilités. Pourtant c'est seulement quand tu atteins ce stade que ta vie peut changer. Et là, forcément, tu te demandes quelle est la différence.

Quand tu fais une erreur, un mauvais choix, tu as 3 possibilités.

La première consiste à essayer à tout prix de faire porter le chapeau aux autres, au monde ou à la société en jurant que *"ce n'est pas de ma faute"*. Ça s'appelle faire la victime et c'est le niveau zéro de responsabilisation. Personne n'aime ça. Ça renvoie une image de toi faible et peu reluisante. Tu n'apprends pas de tes erreurs et tu inspires du mépris au lieu du respect. Comment veux-tu faire pour te corriger si tu pars du principe que ce n'est pas toi qui est à l'origine de l'erreur? Comment espères-tu reprendre le contrôle de ta vie si tu cherches absolument à laisser le volant aux autres?

La seconde possibilité consiste à reconnaître ton erreur par toi-même ou de manière forcée (quand les preuves sont accablantes) sans pour autant prendre les mesures pour empêcher qu'elle se reproduise. Dans ce cas là, tu es responsable de la situation mais tu n'en assumes pas la responsabilité. Par exemple, si tu te nourris en majorité de fast-food et de bouffe industrielle arrosée de Coca, si tu préfères comater devant une série à courir 40 minutes, tu n'assumes pas la responsabilité de devoir prendre soin du corps qui t'a été donné pour lui assurer une santé explosive. Tu es responsable de tes conditions de vie dégradées. De la même manière, si ta conduite sportive a déjà occasionné des accidents et que tu ne la changes pas, tu n'assumes pas ta responsabilité de devoir être un usager de la route prudent et respectueux. Tu es par contre responsable des dégradations et des blessures que tu as causées.

N'oublie pas: une erreur répétée est un choix.

La dernière possibilité consiste à reconnaître les sacrifices et les corrections que tes responsabilités demandent et à adopter un comportement adéquat. Pour reprendre les exemples ci-dessus: assumer la responsabilité de ta santé va passer par la frustration de ne pas pouvoir manger toutes les cochonneries qui te font envie quand tu veux et de devoir mobiliser ta discipline pour suivre un programme sportif. Assumer la responsabilité d'être au volant passe par avoir une conduite souple, respectueuse du code de la route en toutes circonstances et réserver tes talents de pilote du dimanche aux circuits fermés ou aux jeux vidéos.

En somme, assumer tes responsabilités c'est savoir que tu es la SEULE personne à blâmer ou récompenser pour la vie que tu te construis à travers tes choix et ton comportement. Atteindre ce stade de responsabilisation demande de bâtir un mental d'acier parce que, tu le sais maintenant, faire les meilleurs choix au long terme implique souffrance et frustration dans le présent.

3. *Change ce qui doit l'être.*

Einstein a dit: *"La folie, c'est de faire toujours la même chose et de s'attendre à un résultat différent"*. Entre d'autres termes: rien ne change si rien ne change.
Si les choix que tu as faits et les habitudes que tu avais jusque là t'ont amené à une situation qui ne te plaît pas, une situation où l'ennui dirige ta vie et où tu es complètement paumé, pourquoi penses-tu que les choses vont changer du jour au lendemain? Tu comptes sur quoi? Un coup du sort? Une lampe magique? Joséphine ange gardien? Ça ne marche pas comme ça. Tu dois comprendre que le changement viendra de toi et de ce que t'es prêt à mettre sur la table. Il ne viendra de rien ni personne d'autre. Ce n'est pas par désintérêt ou par méchanceté que le monde entier te laisse te débrouiller. C'est juste que chacun doit gérer le bordel qu'est sa propre vie.

Tu as sûrement peur et je te comprends. C'est dérangeant de prendre du recul et d'accepter que ta vie n'est pas celle que tu voudrais. Tu ne sais pas par où commencer et tu te demandes bien ce que ça va donner. Dis toi que c'est une excellente chose parce que cette appréhension que tu ressens c'est ce qu'on appelle se sentir vraiment vivant. La peur que tu ressens est comme une balise qui te montre que tu suis le bon chemin. Elle t'indique que tu es en train de faire quelque chose de bon pour toi et qui te fera grandir. C'est un peu comme dans les jeux vidéos: tu sais que tu es sur le bon chemin quand tu rencontres des ennemis ou quand t'entends la musique flippante du boss qui démarre. Tu sais que tu vas faire face à des challenges, que tu vas ramasser de l'expérience et des trésors. Tu en frissonnes d'avance d'excitation. Avoue que c'est vachement plus kiffant que de tourner en rond dans le niveau 1 que tu as déjà nettoyé de long en large.

Il ne t'arrivera que de bonnes choses en surmontant tes peurs, en allant te confronter à ce que tu ne connais pas ou à ce dont tu n'as pas l'habitude. En développement personnel, c'est ce qu'on appelle sortir de sa zone de confort. Ce nom est assez ironique quand on y pense parce que, justement, c'est parce que tu t'y complais que t'as une vie inconfortable.

Ta situation n'est pas définitive, et heureusement. Vois la comme le point dont tu pars pour atteindre une meilleure destination. À partir de maintenant, pour te diriger automatiquement sur la voie de la vie MAXIMALE, je te propose d'intégrer ce principe:

ACCEPTE CE QUE TU NE PEUX PAS CHANGER ET CHANGE CE QUE TU PEUX PLUS ACCEPTER.

Si tu ne peux vraiment pas changer quelque chose parce qu'elle est hors de ton cercle d'influence, ou parce que tu as déjà essayé à de très nombreuses reprises, en y consacrant beaucoup d'efforts, sans jamais obtenir de résultats, accepte la et passe à autre chose. Tu pourrais penser que c'est contradictoire avec le message de persévérance que je t'ai déjà donné mais ce n'est pas le cas. C'est juste une question d'équilibre et de stratégie. Si tu t'es entêté, que tu as tout essayé et que ça n'a rien donné, le meilleur choix est d'allouer ton temps et tes ressources à trouver une meilleure solution en utilisant ce que t'as sous la main. En résumé, si ça fait trois jours que t'essaies de casser un mur et que tu l'as à peine fissuré, arrête de t'acharner et construis une échelle pour passer au-dessus.

L'idée est d'avancer, toujours.

Si une situation t'est insupportable, sers toi de ta colère et de ta souffrance pour changer. Elles peuvent te donner le boost de motivation nécessaire pour commencer à t'extirper du pétrin où tu es. Si tu as un projet grandiose ou un rêve à atteindre, fais la même chose. Imagine la colère et la souffrance que tu ressentiras sur ton lit de mort si tu ne le réalises pas.

Tu as tout ce qu'il faut pour évoluer et atteindre ta vie MAXIMALE. Il te suffit d'aligner tes efforts avec ta vision de la réussite. Si tu n'es pas prêt à laisser tes croyances et tes habitudes de côté pour passer à l'action, tu peux refermer ce livre et l'offrir à quelqu'un qui saura s'en servir.

Tu as TOUT pour réussir.

Relis ce sous-titre. C'est important. Je vais sûrement te paraître moralisateur dans la suite mais tant pis. Je ne peux pas m'empêcher de te rappeler à quel point ce que tu vis est incroyable. Ce discours, je le tiens à moi-même dès que je me surprends à me plaindre de ma situation.
Toi comme moi, on a une chance insolente d'être en vie. Tu n'as pas idée. La probabilité pour que tu sois vivant et que tu sois exactement cette personne unique est de 1 sur $10^{2640000}$. Autant dire zéro. La chance que tu avais d'exister est tellement ridicule que ton esprit ne peut pas le concevoir. Et pourtant tu es là, en chair et en os. Tu respires, ton coeur bat dans ta poitrine, tu as un cerveau assez développé pour lire et

comprendre les mots que tes yeux captent. Ton esprit les analyse et formule une pensée en conséquence. C'est TA réaction, TON opinion parce que tu es UNIQUE. Le fait que tu existes en tant que toi-même est quelque chose d'incroyable à un degré si élevé que tu ne pourras jamais le comprendre consciemment.

Malheureusement, pour toi (comme pour des milliards d'autres d'ailleurs), être vivant est devenu banal. Le quotidien n'a plus grand chose de magique. Tu t'es habitué à être vivant parce que tu le vis littéralement chaque jour depuis ta naissance. Forcément, tu oublies. Tu oublies quel cadeau inestimable il t'a été fait. Tu peux changer ça. Rappelle toi chaque jour que tu es vraiment exceptionnel et que tu ne peux pas te contenter de traverser cette vie sans faire en sorte qu'elle le soit aussi. Sois à la hauteur de la chance qui t'a été donnée. Efforce toi de bâtir un héritage solide. Tu te le dois d'autant plus que tu fais partie des ultra-chanceux qui ont tout pour le faire.

Des inégalités abyssales minent notre monde. Au moment où j'écris ces lignes, des êtres humains sont en train de lutter avec le peu qu'ils ont juste pour survivre dans des conditions effroyables. Ce n'est à priori pas ton cas si tu as le loisir de me lire. Tu vis dans un pays riche ou un pays émergent et tu baignes dans un luxe insolent. Tu ne t'en rends plus compte parce que tu considères comme acquis des choses qui font rêver la moitié de la planète. Je ne te parle pas du luxe exagéré et futile d'une Rolex, d'un sac Vuitton, ou d'une Ferrari.

Je te parle du luxe de pouvoir respirer, parler et marcher librement.

Je te parle du luxe d'avoir accès à des sanitaires et à de l'eau potable.

Je te parle du luxe insolent de chier dans cette même eau potable.

Je te parle du luxe de pouvoir manger à ta faim à toute heure de la journée sans faire d'efforts.

Je te parle du luxe de pouvoir t'habiller correctement pour ne pas mourir de froid ou te faire dévorer par des moustiques qui te transmettent des saloperies mortelles.

Je te parle du luxe d'avoir accès instantanément à une masse gigantesque d'informations et aux autres.

Je te parle du luxe de pouvoir t'ennuyer.

Je ne cherche pas à minimiser ta situation en t'envoyant la misère du monde à la figure. C'est pas le but. On a tous nos problèmes et ta situation peut être compliquée, voire insupportable. Je comprends. Le truc c'est que quand tu es dans une situation inconfortable, tu ne penses plus qu'à ça comme si t'étais figé devant une affiche 4x3.

Je te demande juste de prendre du recul. Réalise que tu n'es pas dans une situation qui va durer toute ta vie. Tu vas finir par outrepasser la difficulté du moment. Réalise que, à moins de souffrir d'une maladie très grave et handicapante, tu as absolument tout ce qu'il te faut sous la main pour t'en sortir. Mieux encore, tu as tout ce qu'il faut pour réussir et refuser d'être simplement médiocre. Ne traverse pas cette vie en laissant tes difficultés te retenir de chercher à la vivre à fond. Tu ferais une grave erreur. Tu peux avoir ce qui te fait rêver et qui te semble impossible aujourd'hui.

Henry Ford a dit *"Que vous pensiez être capable ou ne pas être capable, dans les deux cas, vous avez raison"*. Selon ce que tu nourris comme croyances, tu peux faire de ton esprit ton plus gros atout ou ton pire ennemi. Nourris le constamment, cherche par tous les moyens à te développer et garde en tête ta vie MAXIMALE comme un phare pour guider tes actions. Tu verras alors la "*magie*" de ton esprit opérer pour alimenter la discipline et l'engagement nécessaires au travail à fournir et aux privations à subir.

On est tous assis sur le trésor de notre vie MAXIMALE. Peu vont le chercher, soit parce qu'ils ne s'en rendent pas compte, soit parce qu'ils abandonnent trop vite devant la difficulté. Normal, c'est comme s'il fallait creuser avec ses ongles, dans un sol gelé, sous la pluie sans savoir si on creuses au bon endroit, et combien de temps ça va prendre. Oui c'est dur mais c'est dommage de laisser tomber. Pourquoi renoncer à un trésor garanti sous prétexte qu'il demande des efforts à atteindre?

En fait, la vraie question à te poser est: que serais-tu prêt à faire si tu étais sûr de réussir?

Les 2 questions secrètes qui changent tout.

Ta lecture a peut-être soulevé des questionnements et des remises en question jusque là. Peut-être même suffisamment pour nourrir une volonté de passage à l'action. Cependant, il se peut que tu aies encore peur de te lancer.

La peur est une émotion qui te prépare à affronter le danger et/ou l'inconnu. Rappelle toi, ça veut dire que tu suis le bon chemin. Tu ne dois pas lui donner trop d'importance au point de lui laisser le pouvoir de te paralyser. Si tu ne peux pas t'empêcher de penser qu'une catastrophe va arriver si tu changes telle ou telle chose dans ta vie, je te propose de te poser deux questions magiques:

- **au pire, qu'est ce qui peut arriver?**
- **au mieux, quel(s) bénéfice(s) vais-je en retirer?**

Ces questions te donnent un recul instantané. Elles mettent en perspective tous les scénarios possibles et te font prendre conscience d'abord que rien de catastrophique ne va t'arriver et surtout que tu peux obtenir des résultats très intéressants.

Par exemple, si tu te lèves une heure plus tôt:

- au pire, tu auras essayé et si ce n'est vraiment pas fait pour toi, ça t'aura coûté quelques jours de fatigue;
- au mieux, tu auras trouvé un rythme de vie plus aligné avec tes aspirations, qui te donne beaucoup plus d'énergie et des résultats géniaux dans ta vie.

Si tu te formes pour une reconversion professionnelle:

- au pire, tu n'y arrives pas et tu gardes ton boulot actuel;
- au mieux, tu t'éclates et tu redécouvres le plaisir de bosser sur quelque chose que tu aimes.

Si tu prépares un marathon:

- au pire, ça te saoule et tu choisis une distance plus petite;
- au mieux, tu dépasses tes limites, tu réalises un rêve en vivant une expérience de dingue et tu prends confiance en toi.

Si tu engages la discussion avec un inconnu:

- au pire, la discussion est inintéressante et tu auras relevé un défi;
- au mieux, tu auras rencontré une personne incroyable qui apportera peut-être beaucoup dans ta vie.

Si tu décides de quitter la table quand t'as encore faim:

- au pire, au bout de 10 minutes t'as toujours faim et tu manges quelque chose;

- au mieux, tu installes une bonne habitude qui t'aide à ne pas surcharger ton appareil digestif.

Je suis certain que tu as plein d'autres exemples en tête qui correspondent plus à ta situation. Je t'encourage vraiment à les analyser sous l'angle de ces deux questions puissantes. Elles font des merveilles parce qu'elles te permettent de réaliser que, très souvent, le pire est ridicule et n'a rien d'effrayant alors que le meilleur est accessible et te fait rêver.

***

Si je résume, jusque là, on a vu que tu as le temps, que tu as tous les moyens matériels pour réussir et que tu as tout à y gagner. Dans le prochain chapitre, je vais te parler de la dernière chose sur laquelle tu dois compter pour atteindre ta réussite: l'autodiscipline.

RETIENS SURTOUT ÇA.

- Tu as une soif naturelle d'évolution. **Poursuivre ta vie MAXIMALE c'est donc suivre ton instinct.**

- **Ne te fourvoie pas en croyant qu'AVOIR plus te permettra d'ÊTRE plus.**
  Recherche un accomplissement profond et la satisfaction matérielle **minimum** nécessaire.

- **Le passé n'a d'emprise que celle que tu lui laisses.** Tu ne peux pas aller de l'avant efficacement en gardant la tête retournée.

- **TU es la seule personne aux commandes de ta vie.** Si elle ne te convient pas, c'est de ton entière responsabilité. Plus vite, tu le comprendras, plus vite tu pourras évoluer.

- **Tu as TOUT ce qu'il faut pour réussir.**
  Par respect pour ceux qui n'ont pas d'autre choix, ne te contente pas de survivre.

- Dédramatise le changement et les grandes décisions grâce aux **deux questions magiques.**

  Au pire, qu'est ce qui peut m'arriver?
  Au mieux, quel bénéfice(s) je vais en retirer

Josselin

26 ans, Ingénieur en thermique et énergie, 6h30.
@joss_pecher

"Ne t'attends pas à des résultats différents si tu fais toujours les mêmes choses."

Cette citation me porte à tester l'inconnu et être bon sceptique. Il faut essayer de nouvelles choses pour obtenir des résultats différents, je n'en doute plus.

Alors j'ai testé le réveil maximal en commençant par le challenge "Réveil Matinal , Vie MAXIMALE."

J'ai vécu des premiers jours difficiles avec un mental fatigué et inhabitué. Puis un rythme s'installe même si la routine se fait et se défait. La motivation initiale s'amenuise, vite supportée par l'autodiscipline que requiert cette pratique. Et, finalement le challenge n'en est plus un puisque c'est avec plaisir que l'on se lève, qu'on attend d'avoir un nouveau matin pour pouvoir avancer encore sur ses projets personnels.

Parce que, oui, le réveil maximal, ce n'est pas juste se lever tôt.

C'est gagner des heures, les heures les plus calmes et sereines de sa journée, celles qui permettent de se sentir léger tout le reste du temps avec la satisfaction d'avoir déjà accompli les tâches les plus importantes pour soi. Ce sentiment d'avoir réussi sa journée avant qu'elle ne commence vraiment.

Ce challenge a été une redécouverte de moi-même, au fur et à mesure que j'adaptais mon matin et que je me concentrais sur mon ressenti.

J'ai développé une plus grande confiance en moi parce que je me suis rendu compte que j'étais capable de faire ce que je voulais, que j'étais capable de ne pas me laisser influencer et de poursuivre mes objectifs plus efficacement.

6. ARME-TOI D'AUTODISCIPLINE

« Il n'y a pas de maîtrise à la fois plus grande et plus humble que celle que l'on exerce sur soi. »
Léonard de Vinci

Haaaa la discipline. Ce mot qui fait peur. Ce truc qui fait pas envie.

Et pourtant...

Après la gratification différée, c'est l'atout le plus puissant que tu puisses faire jouer en ta faveur pour décrocher des résultats phénoménaux.

Dans ce chapitre, je vais te montrer pourquoi et comment elle peut transformer ta vie. Je vais également te donner un moyen simple pour devenir autodiscipliné un peu plus chaque jour.

Autodiscipline > Discipline

L'autodiscipline c'est, par définition, s'imposer à chaque fois que nécessaire de suivre une règle de conduite en vue de s'améliorer et d'atteindre les buts que l'on s'est fixés. C'est beaucoup plus fort que la "*simple*" discipline. La nuance repose sur "*s'imposer*".

Tout le monde est discipliné quand il s'agit de suivre les directives d'une quelconque autorité. Plus rares sont les personnes autodisciplinées, celles qui ont la capacité de se bouger d'elles-même quand elles décident de faire une chose peu agréable mais nécessaire.

Dans le premier cas, la source de tes actions t'est extérieure. Si on te la coupe, tes efforts s'arrêtent net et tu n'atteins pas le but fixé. Dans le second, tu avances coûte que coûte parce que tu es ton propre moteur. C'est la victoire assurée.

Une hormone de croissance.

Personnellement, je compare l'autodiscipline à une hormone de croissance.

Par définition, une hormone est une substance synthétisée par ton corps pour modifier ton comportement et tes interactions en fonction de la situation. Par exemple, elles jouent un rôle puissant dans ton sommeil, ton appétit, ton niveau d'attention, de stress et même dans l'intensité de tes orgasmes.

À chaque fois que tu as à choisir entre une solution facile et confortable ou une option difficile mais bénéfique, c'est ton autodiscipline qui entre en jeu. C'est selon sa force que tu peux faire l'un ou l'autre choix. La répétition de ce schéma de décision dessine les contours de tes habitudes, donc de ta vie. Ainsi, plus tu consolides ton autodiscipline, plus tu tends à faire le choix le moins agréable mais le plus avantageux. Ton autodiscipline influence ton comportement pour t'aider à devenir meilleur dans toutes les sphères de ta vie. C'est bien une hormone de croissance. CQFD.

Certains matins, si je suis allé dormir trop tard, quand mon réveil sonne à 4h30, ma première réaction, instinctive, est la même que la tienne quand tu te fais arracher de ton sommeil. Je suis dégoûté et je subis. J'ai juste envie de rester au lit, au chaud, sous la couette, et de terminer mes rêves. Seulement, dans la seconde qui suit, mon corps délivre une charge d'autodiscipline qui me rappelle **POURQUOI** je dois me réveiller et je me retrouve hors du lit en 5 secondes chrono. Sans cette autodiscipline, je me réveillerais deux heures plus tard sans avoir avancé d'un iota sur mes projets, rageant d'avoir raté l'occasion de transformer mon temps en réussite.

Cette hormone t'est indispensable parce que ta vie MAXIMALE ne se trouve pas au bout de la voie de la facilité. Bien au contraire. Tu vas devoir toujours faire passer la rigueur de l'autodiscipline avant la douceur de la facilité pour atteindre le sommet dans ta vie. Ce principe est très bien résumé dans cette petite citation que je te propose de retenir comme un mantra à invoquer à chaque fois que tu fais face à une décision:

CHOIX FACILES, VIE DIFFICILE.
CHOIX DIFFICILES, VIE FACILE.

Les choix difficiles le sont sur le moment. Ce sont des sacrifices et de l'inconfort que tu endures sur l'instant mais qui te permettent d'accéder à une vie beaucoup plus riche et pleine de sens plus tard. Ce sont des choix qui s'inscrivent à fond dans la gratification différée. De même, les choix faciles le sont sur le moment et te procurent un plaisir immédiat.

Seulement, ce sont eux aussi qui annihilent ta résistance à la frustration et ton goût de l'effort, primordiaux pour évoluer. Crois-moi, les bénéfices que tu as à retirer de faire de ce mantra un automatisme sont inestimables.

Un super pouvoir.

Quand tu pratiques l'autodiscipline, tu utilises ce que j'appelle sans hésiter un super pouvoir. Rien à voir avec les gadgets d'Iron man ou les yeux laser de Superman. Là, je te parle d'un vrai super pouvoir que tu peux utiliser dans la vraie vie et qui te donne un avantage colossal sur le monde entier: c'est celui de résister à la facilité et de faire un choix conscient aligné avec tes objectifs de vie.

Je sais que je n'arrête pas de te le répéter mais c'est un fait: tu vis dans un monde qui fait tout pour exploiter ta soif de plaisir immédiat et ton dégoût de l'effort.

Tu es littéralement bombardé de contenu qui, à longueur de journée, te caresse en ce sens pour te pousser à en faire le moins possible, te faciliter la vie et te procurer du plaisir à travers ce que tu consommes. Il y en a à la télé, à la radio, sur ton téléphone, le long de la route, dans les parkings, sur les murs, dans les ascenseurs, les magazines et même dans les toilettes! Il y en a tellement que, forcément, à un moment tu peux plus te battre et tu te laisses avoir. Tu lâches l'affaire. Franchement, ça t'est jamais arrivé de craquer pour une pizza juste parce que t'as vu la pub pile au moment où tu te disais que t'avais vraiment trop la flemme de cuisiner? Rappelle-toi le dernier gadget que t'as acheté. T'en avais vraiment besoin ou tu l'as juste acheté sans réfléchir parce que la pub était sympa et que tu t'ennuyais? Tu vois? C'est sans fin. Et si tu n'opposes pas d'autodiscipline à ces incitations, tu es en danger car tu nourris cette tendance à aller vers la facilité et à fuir tout effort. Dans le pire des cas, tu finis même par ne plus contrôler grand chose dans ta vie. Tu te laisses ballotter par ce à quoi tu n'arrives plus résister. Tu t'enracines dans le terreau de la stagnation et de la victimisation. DANGER.

L'autodiscipline, de par sa définition même, te permet de te protéger en mettant sur tes yeux un filtre puissant pour bloquer les abjectes supplications à la faiblesse et te laisser uniquement les choix alignés avec tes objectifs. Les options néfastes disparaissent et tu accèdes à un monde beaucoup moins encombré. C'est exactement comme quand tu veux acheter un truc sur internet. Tu appliques des filtres pour réduire la sélection et trouver ce qui te convient pile-poil.

Cette vision éclaircie du monde te permet de sauvegarder tes précieuses ressources comme ton temps, ton argent, ton attention et de les réinvestir dans des tâches beaucoup plus rentables pour toi. En somme, l'autodiscipline te permet de gagner en efficience dans la recherche de ta vie MAXIMALE.

Je peux te l'illustrer avec un exemple personnel. Je te l'ai dit au chapitre 2, j'ai choisi un mode d'alimentation particulier qui consiste à rejeter au maximum les produits alimentaires modernes et transformés. C'est un choix axé sur ma vie MAXIMALE qui m'en dispense de milliers d'autres. Par exemple, quand je vais faire les courses, je gagne un temps fou puisque mon autodiscipline alimentaire me permet d'ignorer trois quarts des rayons remplis de produits qui ne m'intéressent pas (produits laitiers, alcools, biscuits industriels, plats préparés, charcuterie, etc…). Je focalise mon attention sur ceux que je suis venu chercher et dont je sais qu'ils sont bons pour ma santé. Tous les autres n'existent pas à mes yeux. Par conséquent, je fais mes courses 5 fois plus vite et je dépense beaucoup moins que si je flânais de rayons en rayons en prenant tout et n'importe quoi en me laissant tenter par les emballages aguicheurs.

Les ressources que tu économises en injectant de l'autodiscipline dans ton quotidien sont proportionnelles au nombre de choix que tu supprimes. Autant te dire que c'est gigantesque si tu vis dans un pays industrialisé où nos caprices d'enfants gâtés sont comblés par les gentils industriels. Ça en devient ridicule d'ailleurs. On a vraiment besoin de 537 chaînes de télé, 48 marques de PQ triple épaisseur, de 234 modèles de SUV de 2 tonnes avec des sièges chauffants pour prendre soin de nos petites fesses ou d'un restaurant tous les 20 mètres? Bref.

Cette impression d'avoir plus de temps et de ressources contribue à une certaine sérénité au quotidien qui rend les journées beaucoup plus agréables. C'est comme si tu voyageais dans ta propre vie en première classe en payant avec de l'autodiscipline.

Motivation de merde.

À vrai dire, l'autodiscipline est le seul pouvoir sur lequel tu peux compter pour obtenir des résultats. La majorité des gens pensent pouvoir compter sur la motivation. C'est un piège béant parce que la motivation est un sentiment, c'est à dire *"un état affectif nettement prononcé"*.

S'y fier pour avancer dans sa vie pose deux énormes problèmes:

1. Comme les animaux ou les bébés, tu décides de te laisser contrôler par tes émotions. Et tu connais la règle: Pas de contrôle, pas de vie maximale.

2. Un état affectif nettement prononcé ne le reste pas longtemps parce que ce qui est intense ne dure pas. Ce n'est pas possible. Tu ne peux pas courir un marathon

en sprintant. Ainsi, comment veux tu espérer aller loin si tu tombes en panne de carburant à peine parti?

Bien que tu ne puisses pas compter dessus au long terme, il faut tout de même te servir de cette motivation qui t'anime quand tu te lances dans un projet même si tu sais qu'elle va s'estomper. Je te conseille de t'en servir comme d'un levier bienvenu pour faire des changements nécessaires mais difficiles, alignés avec tes objectifs. Ces mêmes changements que tu n'aurais pas réussi à faire sans ce coup de pouce émotionnel.

Tu peux, par exemple, te servir de la motivation pour nettoyer ton agenda et bloquer des créneaux dédiés à tes projets. Tu peux aussi t'en servir pour adapter ton environnement pour qu'il s'aligne avec tes buts: trouver la force de jeter la junk food de tes placards, faire du rangement et aménager un coin de travail chez toi, etc… Tu peux aussi et surtout te servir de la motivation pour te rapprocher et t'engager auprès des gens qui soutiennent tes projets et t'éloigner de ceux qui te mettent des bâtons dans les roues. Le but final est vraiment que tu crées un environnement propice au passage à l'action et que tu te lances sans délai en profitant de l'état interne adéquat.

Ainsi, une fois la motivation fanée, tu auras déjà mis en place un système que tu pourras soutenir grâce à ton autodiscipline et continuer d'avoir des résultats de façon pérenne grâce à la mise en place d'habitudes (ce qu'on verra en détail au chapitre 12).

Je t'assure que pour avancer vers ta vie MAXIMALE, tu devras passer par de l'autodiscipline. Aucun moyen d'y échapper.

Comment devenir autodiscipliné?

Maintenant que tu es, je l'espère, convaincu que l'autodiscipline a un rôle crucial à jouer dans ta vie, il ne te reste plus qu'à savoir comment en avoir.

La bonne nouvelle est que l'autodiscipline c'est avant tout de la force mentale et que, comme chaque humain, tu en possèdes déjà. Il ne s'agit donc pas d'en fabriquer mais bien de savoir comment la renforcer. Et il y a deux situations particulières qui boostent ta force mentale de façon colossale: quand tu as un but ultime à atteindre coûte que coûte ou quand tu es en situation de survie. Les champions olympiques qui se saignent à l'entraînement pour parfaire leur technique sont humains. Ils n'ont rien de plus que toi à la base et c'est parce qu'ils ont ce désir brûlant d'accéder au titre sportif le plus prestigieux qu'ils mobilisent une discipline gigantesque pour supporter la charge d'entrainement et l'engagement sans faille nécessaires. En 2010, 33 mineurs se sont retrouvés coincés à 600 mètres de profondeur pendant 70 jours dans la mine de San José au Chili. Tu crois qu'ils ont subi une préparation mentale poussée pour se préparer à cette catastrophe? Ces 33 hommes sont des humains comme toi et moi. Dans ces conditions exceptionnelles, c'est leur instinct de survie qui a révélé leur gigantesque force mentale pour résister à une telle épreuve.

Toi aussi, tu fais déjà preuve d'une certaine discipline quand tu fais des choses parce que tu es absolument tenu de les faire, même si tu n'en as pas envie. Tu le vis chaque matin quand tu te lèves pour aller au boulot. Tu le fais parce que tu n'as pas le choix, certes, mais tu le fais quand même. Tu as cette capacité à te bouger parce que c'est sûrement la seule option que tu as pour gagner de l'argent et donc assurer ta survie.

Ce niveau d'autodiscipline est commun à tous comme la capacité de marcher. Il ne tient qu'à toi de la développer à un niveau suffisant pour qu'elle transforme ta vie tout comme tu apprendrais à courir un marathon.

Tu sais ce qu'on dit: C'est en forgeant qu'on devient forgeron. L'autodiscipline n'échappe pas à la règle. Si tu veux devenir plus discipliné, tu dois faire des choses qui mettent ta force mentale à l'épreuve chaque jour. Pour ça, combine la survie et la vision forte. Rappelle toi que ton temps passe de façon irréversible et que si tu ne réalises pas tes rêves, ils vont mourir avec toi. Rappelle toi de *"choix difficiles, vie facile; choix faciles, vie difficile."* À chaque fois que tu en as l'occasion, fais le choix le plus dur, celui qui est aligné avec ta vie MAXIMALE. Observe ta tendance naturelle à aller vers la facilité et réfrène la en te rappelant **POURQUOI** tu devrais faire le choix difficile. Tout comme l'athlète motivé par le titre olympique, si ton **POURQUOI** est assez fort, tu trouveras la force de faire le choix le plus dur et devenir ainsi un peu plus autodiscipliné. Par exemple, choisis une salade à la pizzeria, pose ta manette de Xbox et prends un livre, retiens-toi d'acheter des gadgets inutiles et économise tes sous, refuse cette cigarette, prends de l'eau au lieu d'un soda, éteins la télé et va bosser sur ton projet, va marcher 30 minutes au lieu de comater devant ta série. Tu peux devenir très fort très rapidement à ce petit jeu tellement tu as de choix à faire dans la journée. Et parmi eux, il y en a un qui compte beaucoup plus que les autres. D'ailleurs, c'est même lui qui influence tous les autres. C'est le choix que tu fais quand ton alarme sonne le matin.

Penses-y une minute. Dans nos petites vies rangées d'habitants de pays riches, se lever le matin est littéralement le plus gros challenge qu'on rencontre dans notre journée. Quand l'alarme sonne, tu es plongé dans un sommeil profond, au chaud, sous la couette, la tête enfoncée dans un oreiller moelleux en train de faire un rêve délicieux. Bien sûr que c'est une torture de sortir de là. Tu te bats contre toi-même et tu es un ennemi redoutable parce que ton cerveau fait tout pour privilégier le confort et éviter la douleur. C'est une réaction naturelle dictée par la loi de Laborit: *"le comportement humain nous incite à faire en premier ce qui nous fait plaisir"*. C'est pour ça que 97% des gens perdent et repoussent le réveil.

Quand tu décides de ne pas suivre cette tendance naturelle, tu fais de la première décision de ta journée, la plus difficile. Tu t'envoies à toi-même l'information que tu as le mental assez solide pour relever des défis et repousser le confort. Ça a des conséquences gigantesques parce que cette information joue un rôle crucial. C'est elle qui te rappelle que tu es capable de recruter ton autodiscipline quand il le faut. Elle te rappelle ce dont tu es capable. Elle te rappelle que tu as la force de résister à la tentation, à la faiblesse et à tes émotions. Elle te rappelle que tu peux prendre le contrôle. Au chapitre 11, je vais t'apprendre justement comment sauter du lit chaque matin et bétonner cette autodiscipline.

La force de la croyance.

Dans nos cultures occidentales, il existe la croyance populaire que quand on mobilise sa force mentale pour faire une tâche compliquée, on en perd. C'est tout l'inverse en Asie et en Inde où on pense que relever des défis amène justement à devenir plus fort et donc à pouvoir progresser constamment. Une étude publiée dans le Journal of Personality and Social Psychology a montré l'impact de cette croyance sur les résultats obtenus par des candidats occidentaux et des candidats indiens à des tests similaires conçus pour mettre graduellement à l'épreuve leur force mentale. Les participants indiens ont obtenu de meilleures performances sur des tâches nécessitant une maîtrise de soi après avoir travaillé sur une tâche pénible plutôt que sur une tâche non pénible. C'était tout l'inverse pour les participants occidentaux. Seulement, après avoir été exposé à un article qui démontre que le fait de mobiliser sa discipline la renforce, l'écart s'est réduit. Les occidentaux étaient, à leur tour plus performants après des tâches pénibles par rapport à des tâches non pénibles. En résumé, le fait de croire que ton mental se renforce quand tu l'entraînes joue un rôle dans le fait que ça arrive. C'est pour ça que j'insiste et que je te garantis que plus tu mobilises ta discipline le matin, plus tu en as et plus ta vie devient facile. Pour ça, je m'appuie non seulement sur mon expérience personnelle mais aussi sur celles des dizaines de personnes que j'ai accompagnées.

C'est à la fois parce que c'est le premier et le plus dur que le choix que tu fais quand ton alarme sonne a des répercussions aussi importantes. Quand tu décides de faire partie des 3% qui sortent du lit, tu refuses de te laisser écraser par la faiblesse et le confort. Tu fais partie de ceux qui décident de se réveiller pour courir après leurs vies MAXIMALES.

***

Et d'ailleurs pour être sûr de l'atteindre, je partage avec toi, dans le prochain chapitre, ma méthode de réussite automatique. Tu as bien lu, c'est une méthode qui te garantit à 100% de réussir si tu fais les choses bien.

RETIENS SURTOUT ÇA.

- **L'autodiscipline c'est te botter toi-même les fesses pour faire ce que tu DOIS sans attendre qu'on te l'impose.**

- L'autodiscipline est ce qui te permet de faire les choix **les plus durs sur le moment** mais les plus **puissants sur le long terme.**

- Pratiquer l'autodiscipline c'est **réduire drastiquement ses options** donc sauvegarder de précieuses ressources.

- Ne compte pas sur la motivation pour obtenir des résultats. **La motivation finit toujours par disparaître.**
  Sers t'en juste pour mettre en place un système que tu soutiendras avec ton autodiscipline.

- **Le réveil matinal,** étant la chose la plus dure à faire dans ta journée, est un moyen très efficace de **bétonner ton autodiscipline.**

Marine L.

27 ans, consultante en organisation, 5h30.
@lebihan.marine

On est tous à la recherche du temps. Du temps perdu, du gain de temps.

Même si on a tous le même nombre d'heures dans une journée, on a tous parfois cette impression d'en avoir moins que certaines personnes, qui elles, en ont pour faire les choses importantes. Ou encore qu'elles sont des "*surhumains*" parce qu'elles y arrivent. En réalité, notre gestion du temps est simplement différente.

Quand j'ai découvert le concept de Xavier, j'ai tout de suite pensé à un livre que j'avais lu, le Miracle Morning de Hal Elrod. Il m'avait déjà convaincu que le matin était fait pour moi, que c'était le moment à favoriser pour bien conditionner mes journées. Mais passer de la théorie à la pratique, c'était une autre chose.

Se lever plus tôt ne demande pas de la motivation mais de la discipline. Et un des moyens pour réussir à faire les choses, quand tu n'as pas envie de les faire, c'est bien de t'engager envers quelqu'un.

Si tu es convaincu que, toi aussi, tu pourrais prendre le temps le matin, pour les choses importantes pour toi, mets toutes les chances de ton côté. Engage toi dans le réveil maximal et prends enfin tes priorités en main.

Tu veux des résultats différents ? Fais des choses différentes.

Le temps n'est pas ton ennemi, il suffit de le prendre.

7. COMMENT GARANTIR TA RÉUSSITE

« Qu'est ce qui conditionne la réussite? La capacité à soutenir un effort continu. »
Henry Ford

Jusque là, si je t'ai parlé de l'importance de ton temps, de celle de passer à l'action, de celle de la gratification différée et de l'autodiscipline c'est dans un but bien précis. Je souhaite partager avec toi ma méthode de réussite automatique qui engage toutes ces notions fondamentales.

Ça semble être trop beau pour être vrai mais je te rassure, c'est loin d'être aussi beau que ça en a l'air. Réussir automatiquement ne veut pas dire réussir facilement. Tu vas mieux comprendre en lisant ce chapitre qui commence avec une mise en situation.

Une histoire d'escalier.

Imagine la scène. Tu rentres des courses du mois avec des sacs pleins à craquer qui pèsent une tonne. Tu vis dans un immeuble au huitième étage, et, surprise, l'ascenseur est en panne. Tu as deux options: tu appelles le réparateur et tu attends ou tu prends les escaliers.

Dans le premier cas, tu es dans une situation qui te demande peu d'efforts mais qui t'enlève tout contrôle. Tu ne sais pas si et quand le réparateur viendra. Tu ne sais pas combien de temps ça va durer. Tu ne sais pas même s'il va réussir à réparer. Et s'il n'y arrive pas, tu auras perdu un temps précieux. Dommage, quand tu sais qu'il y a un escalier juste à côté.

En passant par là, tu reprends le contrôle total de la situation parce que, vois-tu, il n'y a rien de plus simple que des escaliers. Pour monter tes courses et arriver chez toi, il suffit que tu grimpes marche par marche. Tu as juste à faire l'effort. Tout dépend de toi. Tu n'as pas besoin d'électricité, tu n'es pas tributaire des autres usagers qui vont à un autre étage et surtout l'escalier ne tombe pas en panne. Alors, oui, tu auras mal aux bras, tu vas être essoufflé, tu auras les jambes en feu, tu vas transpirer et ton coeur va exploser dans ta poitrine mais en montant les marches une par une, tu arriveras au bout. C'est garanti.

J'ai choisi cet exemple pour illustrer un malheureux état de fait. Chaque jour, des millions de personnes choisissent de ne rien maîtriser en laissant leurs chances de succès dans les mains de quelqu'un d'autre alors qu'elles ont, juste à côté, une solution servie sur un plateau qui leur donne le contrôle total et la garantie du succès. C'est insensé. Elles veulent atteindre le sommet de leurs vies mais en laissent les commandes à d'autres. Elles attendent la solution de facilité et ignorent celle qui leur demande d'aligner leurs efforts avec leurs aspirations. Le pire dans l'histoire c'est que tu en fais sûrement partie.

Par exemple, pour ta retraite. Si tout ce que tu fais est laisser le gouvernement décider combien il te prélève chaque mois et combien il te donnera quand il le voudra, tu n'es pas au contrôle. À la place, tu peux dès aujourd'hui renoncer au confort de la passivité pour faire l'effort de te former et mettre en place des revenus complémentaires qui vont t'assurer une retraite confortable. Autre exemple, la nourriture. Quand tu achètes des plats préparés pour gagner du temps, tu laisses les industriels décider de ce qui entre dans ton corps et de ton état de forme. Tu n'es pas au contrôle. Tu as le choix de renoncer à cette solution de facilité pour faire l'effort de cuisiner toi-même et de bichonner ta santé. Dernier exemple, ton temps de cerveau disponible. Quand tu allumes la télé au lieu de prendre un bouquin, tu n'es pas au contrôle de ce qui entre dans ton cerveau. Tu succombes au confort et tu laisses les annonceurs décider de ta façon de voir le monde, de forger tes croyances et de limiter ton potentiel. Tu pourrais, à la place, décider de nourrir ton esprit de la valeur immense des livres pour apprendre et changer ta situation.

Bref, tu as toujours le choix entre l'issue incertaine mais facile de l'ascenseur ou la garantie de succès de l'escalier au prix d'efforts conséquents et soutenus.

Se discipliner à réussir.

La méthode de réussite automatique que je te propose consiste à gravir un escalier fictif dont les marches sont des objectifs quotidiens et le sommet, le but final que tu veux atteindre.

Si ça marche, c'est surtout pas par magie. Ça marche parce que, chaque jour, tu recrutes ton autodiscipline pour travailler à ton objectif dans un créneau temporel que tu as pu réserver en reprenant le contrôle de ton temps. Si tu persévères et que tu comptes sur la gratification différée, il n'y a qu'une issue possible: le haut de l'escalier, la réussite.

En fin de compte, tout revient à se discipliner à réussir.

Au début de mon évolution, sans le savoir, je trébuchais sur les premières marches de l'escalier. Aujourd'hui, j'y suis encore. Pour être plus précis, c'est toute une série d'escaliers que je continue de gravir chaque jour. Chacun correspond à un objectif précis à atteindre dans le cadre de ma réussite. Ils ont des longueurs et des hauteurs de marche différentes selon l'ampleur du but que je vise. Il y en a des faciles avec des marches minuscules et d'autres beaucoup plus ardus qui demandent des efforts quotidiens massifs. Peu importe. Chaque jour, je me discipline à gravir une marche sur chacun d'eux.

Une marche seulement. Oui.

Je n'ai pas besoin de voir ou de penser à tout l'escalier. Je sais qu'il existe et je sais où il me mène (d'où l'importance de définir précisément tes objectifs). Je sais surtout que pour arriver au bout, je dois me concentrer sur la marche du jour et y focaliser toutes mes ressources. Par exemple, pour m'assurer que tu puisses tenir ce livre entre tes mains, j'y ai travaillé au moins 30 minutes chaque jour pendant dix mois, que j'en aie envie ou pas. Je savais que le seul moyen d'arriver au bout de l'escalier "livre" était de faire l'effort quotidien de gravir une marche. Le fait que tu lises ces mots te montre bien que la technique fonctionne.

Avertissement.

Attention, quand tu te disciplines à réussir, ta réussite est garantie mais elle est loin d'être facile. Bien au contraire: tu vas en chier et ça va prendre du temps. Au moins, c'est clair!

Mais là encore, c'est à toi de décider de ce que tu veux faire du temps limité que tu as à passer dans ce monde. Est-ce que tu préfères décider de voyager sans efforts dans l'ascenseur vers une mort amère ou pousser fièrement ton dernier souffle en sachant que tu as fait chaque jour de ton mieux pour vivre une vie MAXIMALE?

Que choisis-tu: te discipliner à réussir ou te complaire dans la médiocrité?

Pour t'aider à répondre à cette question, je partage avec toi cette anecdote d'un gars qui avouait à sa mère hésiter à suivre son rêve de faire des études de médecine. Il était découragé d'avance d'enchaîner les longues et dures années de travail pour devenir docteur à 29 ans seulement. Sa mère lui a alors répondu: "tu VAS avoir 29 ans de toute façon, à toi de décider si tu veux les avoir en étant chômeur ou docteur".

Tout est une question de choix.

Gérer l'échec.

Ce que j'aime particulièrement avec la métaphore de l'escalier, c'est qu'elle permet de bien visualiser deux situations que tu vas forcément rencontrer dans ta quête de la réussite. La première est l'échec.

Oui, oui. Tu VAS échouer. C'est inévitable. Ça se saurait si tout marchait du premier coup, non? Pour te préparer le mieux possible, je t'invite à te dire dès maintenant qu'un échec c'est comme louper une marche et à le gérer de la même façon. Que tu te fasses juste une petite frayeur sans conséquences ou que tu ramasses la gamelle du siècle qui te renvoie tout en bas de l'escalier avec une jambe cassée, peu importe. Dis toi que l'escalier n'a pas bougé et que tu peux continuer ou recommencer. Ce n'est pas parce que t'as loupé une marche que tu dois arrêter de grimper et ce n'est pas parce que tu es tombé que tu dois rester au sol. C'est même tout l'inverse que tu dois faire. Ce loupé t'a forcément appris quelque chose. Tu sais maintenant où est le piège et à quoi tu dois faire attention. Si tu continues, tu iras forcément plus loin. L'escalier ne peut que te mener à ta réussite. Ce serait une erreur de renoncer à le gravir sous prétexte que tu as eu un accident de parcours ou que ça ne va pas assez vite pour toi.

Ne pas chercher de raccourci.

La seconde situation que tu vas rencontrer est la tentation du raccourci.

Le principe de l'escalier est simplissime: si tu montes marche après marche, tes efforts t'amènent au bout. *Ce n'est pas facile mais c'est simple.*

L'escalier est indifférent aux caprices, à la douleur et il ne va rien faire pour soulager ton effort. Avec le temps, l'habitude et l'expérience, il se peut que ça devienne de plus en plus facile et que tu puisses aller plus vite, mais, tu ne pourras jamais prendre de raccourcis. Sur un escalier, ça n'existe pas. Si on te le promet, fuis à toute vitesse. C'est qu'on cherche à te ramener vers la facilité et à se faire du profit sur ton dos. N'oublie jamais que c'est l'argent qui dirige le monde. Les personnes qui te vendent du rêve sont des êtres malhonnêtes qui cherchent à exploiter deux choses: ton aversion pour l'effort et ton appétit pour les résultats immédiats.

Par exemple, si tu cherches à gagner plus d'argent, tu trouveras une foule de guignols qui te promettent tous de t'apprendre à faire rapidement des milliers d'euros sans aucun effort (ou presque) et sans bouger de chez toi. D'après toi? Si leurs méthodes marchaient si bien, est ce qu'ils auraient encore besoin de convaincre d'autres pigeo…

clients? Comprends moi bien, il est tout à fait possible de se créer des sources de revenus suffisantes pour quitter son travail et prendre sa retraite à n'importe quel âge. Sauf que, là encore, ça demande quelques mois voire années d'efforts, de travail et de passage à l'action. Toute personne qui dit le contraire cherche à profiter de toi.

Ta vie MAXIMALE va venir de toi et des efforts que tu feras pour aller la chercher. Tu peux accélérer le processus en te formant constamment ou en te faisant accompagner par un bon coach mais jamais en prenant de raccourci.

Tu rencontres peut-être souvent des gens qui se vantent de prendre des raccourcis et d'avoir de bons résultats rapidement. Je comprends que ça puisse te donner envie quand t'es en train de galérer et transpirer sur ton escalier à monter marche par marche mais je te conseille fortement de ne pas faire la même chose. Tu ne sais jamais quel est le vrai prix à payer pour un raccourci. Pour un régime miracle, c'est l'effet yoyo; pour un enrichissement rapide, c'est une arnaque et des grosses pertes; pour un crédit à la consommation, des intérêts exorbitants, etc... Dans de rares cas, les raccourcis fonctionnent et rien de méchant ne se passe. Tant mieux. Dans la majorité des cas, les raccourcis ramènent à une situation de départ encore pire. Tant pis. Dans les deux cas, je te conseille d'avoir exactement la même attitude avec les personnes qui prennent un raccourci: ignore-les et concentre toi sur ton cheminement. Ne te disperse pas à regarder ce que font les autres. Tu es toi, ils sont eux. Chacun mène son combat.
Le seul moment où tu dois t'intéresser à la vie de quelqu'un est quand tu peux apporter de l'aide à cette personne. Sinon, fous lui la paix et avance. Tu as une vie MAXIMALE à aller chercher à ton rythme. C'est tout ce qui compte.

***

Comme tu as dû le remarquer, le point crucial de la méthode de l'escalier est la construction des marches, les objectifs quotidiens. C'est d'eux dont dépendent ta niaque à passer à l'action chaque jour ou un découragement grandissant.

Dans le chapitre suivant, on va voir ensemble comment te fixer facilement des buts quotidiens personnalisés, motivants et bien dosés pour t'assurer de les atteindre chaque jour et donc, d'avancer vers ta réussite.

RETIENS SURTOUT ÇA.

- **Tu as toujours le choix entre faire les efforts et avoir le contrôle OU accepter de te laisser balader par la facilité.**

- Tout **objectif** que tu vises est au **sommet d'un escalier**. Si tu mobilises tes **ressources** et ton **autodiscipline** pour monter une marche par jour et si tu **persévères**, tu arriveras au sommet. C'est garanti.

- **Réussite automatique ne veut pas dire réussite facile: ça va être long et dur.**
  Le choix reste tien: passer le temps à te discipliner à réussir OU à te complaire dans la médiocrité.

- **Fuis les raccourcis.** Tu devras en payer le prix à un moment donné sans savoir ce qu'il est.

- **L'échec est inévitable. Prépare toi à l'affronter pour ne pas te laisser écraser.** Si tu loupes une marche, reprends ton ascension. TOUJOURS.

Dylan

23 ans, Entrepreneur, 5h00.
@dylantaldu

Se lever très tôt, j'en avais déjà entendu parler plusieurs fois auprès de différentes personnes qui connaissent un grand succès dans leur vie. J'étais donc intrigué par cette démarche et je m'y suis penché à plusieurs reprises. Sans grand résultat.

À la rencontre de Xavier, j'ai décidé d'étudier plus en détails cette habitude de vie et de mettre en place toutes les astuces quotidiennes pour tenir ce réveil maximal.

Les résultats ne se sont pas faits attendre. J'ai gagné énormément de temps tout en devenant plus efficace, organisé et discipliné. Les bénéfices de cette pratique sont ultra puissants pour tous ceux qui désirent prendre leur vie en main.

8. SITUATION ET DIRECTION: FAIS LE POINT

« Quand on ne sait pas où on va, tous les chemins mènent à nulle part. »
Henry Kissinger

« Pour comprendre à quel point les objectifs sont cruciaux, regardez autour de vous ceux dont la vie est dépourvue de buts. »
Tim Ferris

Pour prendre un nouveau départ, il faut que tu saches d'où tu viens et où tu vas. Errer sans but est le meilleur moyen de te perdre ou de faire du sur place. De la même façon que tu utilises le GPS pour connaître un itinéraire et sa durée, il est nécessaire que tu aies une vision globale du chemin à parcourir vers ta réussite.

Dans ce chapitre, je vais t'aider à définir le chemin optimal vers ta vie MAXIMALE.

Ton point de départ.

Pour faire le point sur l'état actuel de ta vie, je te propose d'utiliser la roue de la vie. C'est un puissant outil d'évaluation utilisé en coaching. Il te permet de voir en un clin d'oeil là où tout va bien ou au contraire là où tu dois améliorer les choses dans ta vie. La roue de la vie est un cercle orné de 8 rayons (ou plus) gradués d'une échelle de notes allant de 0 à 10. 0 étant nul, 10 étant parfait. Chaque rayon correspond à un pan de ta vie que tu évalues de la façon la plus objective possible en te posant des questions pertinentes.

1. ***Famille et amis:*** sur quoi sont basées tes relations? Ces relations sont-elles d'une qualité suffisante pour que tu y consacres du temps? Ces relations sont-elles réciproques? Sur qui peux-tu vraiment compter? Etc.

2. ***Amour et couple:*** Qu'est ce que tu attends vraiment d'une relation amoureuse? Est-ce que tu as l'écoute et le respect minimum nécessaire? Etc.

3. ***Santé:*** note avec honnêteté tes habitudes de vie en terme d'alimentation et d'activité physique ainsi que ton ressenti général. Quels sont tes niveaux d'énergie? Comment te sens-tu dans ton corps? Es-tu vraiment à l'aise avec l'image qu'il te renvoie quand t'es seul devant ta glace? Nourris tu ton corps de façon correcte? Est-ce que tu bouges assez? Etc.

4. ***Sommeil:*** tellement important qu'il a sa propre ligne. Quelle est la qualité de ton sommeil? Te réveilles-tu en étant reposé? Dors-

tu assez? Est ce que tu es discipliné sur l'heure du coucher? Est ce que tu repousses ton alarme le matin? Etc.

5. ***Argent:*** c'est un outil incontournable qu'il faut prendre en compte pour atteindre sa vie idéale. Comment le gères-tu? As tu une discipline financière suffisante? Arrives-tu à épargner? Est ce que tu investis? Ce que tu gagnes est-il aligné avec la vie que tu souhaites? Etc.

6. ***Carrière:*** est-ce que t'es excité d'aller au travail? Est-ce que c'est une source d'épanouissement? Quelle y est l'ambiance? Est-ce que tu travailles trop ou au contraire, pas assez? Pourquoi as-tu choisi ce travail? Est-ce encore ce que tu veux faire? Etc.

7. ***Loisirs et plaisir:*** Passes-tu trop de temps à te divertir ou au contraire, pas assez? Que t'apportent tes loisirs? Est-ce qu'ils mettent en péril ta santé et ton temps donc ta vie maximale? Etc.

8. ***Développement personnel:*** as tu le contrôle sur ta façon de réagir à ce qui t'arrive? Lis tu suffisamment? Cherches tu à t'améliorer constamment? Prends tu la responsabilité de tes choix et de tes actions? Penses tu être une personne qui se donne les moyens d'atteindre la vie qu'elle veut vraiment? Etc.

Prends tout le temps au calme nécessaire pour faire cet exercice avec la plus grande honnêteté. Tu trouveras une roue de la vie dans les annexes.

Bien connaître ta situation de départ est primordial pour savoir sur quels points tu dois focaliser tes ressources et obtenir l'effet de levier le plus puissant. À défaut, tu risques de les gâcher pour un résultat insatisfaisant, subir l'échec et te décourager.

Être honnête avec toi-même est un exercice inconfortable parce qu'il te met face à la réalité. Cette même réalité que tu veux fuir en cherchant à te divertir H24. Ne te mens pas et ne cherche pas à enjoliver la situation. Regarde-la en face et évalue-la en fonction de ce qu'elle est vraiment à l'instant T, non pas en fonction de ce que tu aurais aimé qu'elle soit. Souviens-toi qu'il n'y a pas de bonne ou de mauvaise note. Il n'y a que la réalité brute que tu dois affronter si tu ne veux pas passer à côté de ta vie.

Voilà à quoi ressemblait ma roue de la vie lorsque j'ai eu mon premier déclic en 2010.

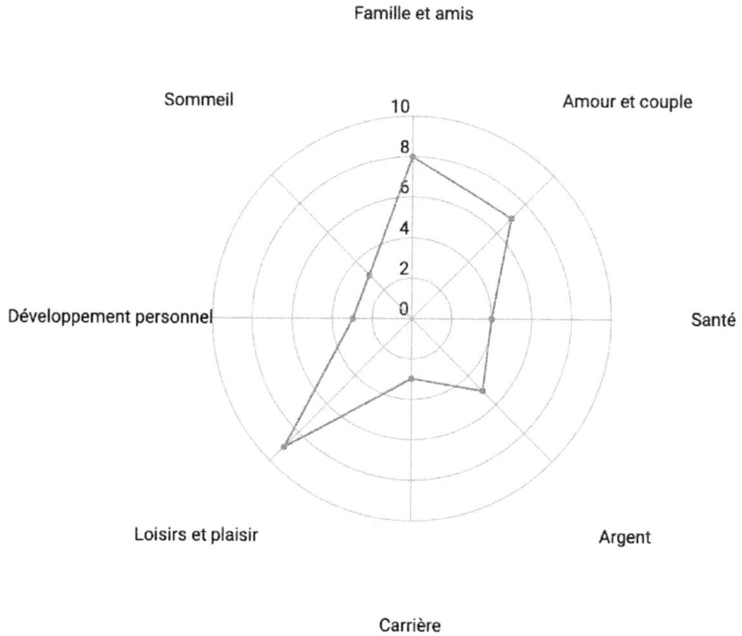

Ce qui saute aux yeux c'est la forme irrégulière du dessin qui montre comme ma vie était déséquilibrée. Je privilégiais certaines choses au détriment d'autres. Les bonnes notes pour la famille et le couple montrent que j'étais bien entouré et que j'entretenais de bonnes relations avec mon entourage. À ce moment là, ma femme et moi gagnions suffisamment d'argent pour survivre en région parisienne. On ne cherchait pas à gagner plus et on se contentait de nos salaires respectifs. La note quasi maximale en loisirs reflète le plaisir que je retirais à passer la quasi intégralité de mon temps libre à jouer aux jeux vidéos pour oublier la catastrophe qu'était ma vie professionnelle en troisième année de doctorat. En même temps, je cherchais du plaisir en gobant tout ce qui passait. Je n'avais aucune discipline et aucun contrôle sur mon alimentation et mon sommeil. J'avais un surpoids conséquent et une énergie proche de zéro au moment où j'avais besoin de tout l'inverse. Tout ça, évidemment, ne me permettait qu'un développement personnel accidentel à travers de rares lectures ou d'expériences douloureuses. Je n'ai pas fait l'exercice de la roue de la vie en 2010. Je ne le connaissais pas. C'est dommage. Évidemment, ça m'aurait mis une claque monumentale mais ça aurait tout de même été moins douloureux que de la prendre de la part de mon épouse avec son dessin. Ça m'aurait sauté aux yeux que je devais reprendre le contrôle et travailler à rétablir l'équilibre. J'aurais pu voir où gagner des ressources et où les investir pour me construire une vie meilleure.

C'est parce que j'ai perdu des années de vie à fuir la réalité que je t'encourage à faire l'exercice maintenant. Ne fais pas la même erreur que moi. Prends le temps nécessaire pour compléter la roue de la vie que tu trouveras dans les annexes. C'est le meilleur service que tu te rendras cette année.

Ton point d'arrivée.

Une fois que tu as fait le point sur ta situation de départ, il faut passer au point d'arrivée, c'est à dire ta vie MAXIMALE. L'exercice consiste à déterminer avec précision ce qu'est pour toi la réussite. C'est la suite du travail que tu as commencé au chapitre 2 en traçant les contours de la vie que tu veux vraiment.

Attention! Une vie MAXIMALE n'est pas une vie parfaite. Je t'ai déjà mis en garde contre la perfection et ses pièges. Chercher la perfection dans un domaine de ta vie siphonne tes ressources et t'empêche d'obtenir des résultats conséquents à d'autres endroits. C'est aussi l'assurance de t'épuiser et de te décourager car plus tu approches de la perfection, plus les gains sont minimes et les efforts conséquents.

Au lieu de viser la perfection, cherche à atteindre la vie la plus belle que tu penses atteignable avec ce qu'elle implique de compromis, de corrections et d'imperfections. Cherche à vivre la vie qui te fait bondir du lit chaque matin. Ça sera déjà pas mal. Demande toi à quoi ressemble cette vie où tu atteindrais 9 au grand maximum dans chaque aspect. Projette toi. Ne laisse rien de côté. Pense au boulot que tu aimerais faire, détermine de combien tu as besoin chaque mois et ce que tu voudrais faire pour l'avoir, imagine le corps que tu veux et les sensations qui vont avec, projette toi avec tes amis et ta famille dans les moments que tu veux créer, etc... Ne te mets pas de barrière, écris vraiment ce que tu veux même si tu ne sais pas encore comment faire pour l'avoir ou même si ça te semble impossible.

Pour jouer le jeu, je partage avec toi ma vie MAXIMALE comme je l'imagine au moment où j'écris ces lignes. Je rajoute entre parenthèses, les concessions nécessaires qui font que ça ne sera jamais parfait.

- **Être un père complice et proche de mes fils.**
M'assurer de mériter leur respect et de représenter une figure d'autorité tout en étant un allié dans leurs vies. (il y a et il y aura toujours des tensions, des incompréhensions et des doutes. C'est tellement dur d'être un bon parent.)

- **Être un mari présent et à l'écoute pour mon épouse.**
M'assurer qu'elle puisse se reposer sur moi à chaque fois qu'elle en a besoin. (On ne se comprendra pas toujours et nous pouvons avoir des points de vue différents. Il faut continuer de faire des compromis.).

- **M'assurer d'être une personne sur qui on peut compter.**
Être un bon pote, fils, frère (mais ne pas hésiter à être honnête quand c'est nécessaire même si ça peut créer des tensions.).

- **Avoir un corps en excellente santé, fort, efficace et fiable**
Ressentir une énergie explosive chaque jour dès le réveil et pour toute la journée. Pouvoir assurer tout ce que je dois faire pour atteindre mes objectifs sans être mort au bout de 2 heures. (Certains jours je serai KO pour diverses raisons. Tant pis, je fais au mieux.).

- **Créer et gérer mon activité pour atteindre la liberté financière et géographique.** (Ça ne veut pas dire arrêter de travailler. Je devrai faire avec certaines contraintes.)

- **Toucher et inspirer un maximum de monde pour les inciter à utiliser le réveil maximal et construire une vie plus épanouie.** (Je serai critiqué parce que je promeus un mode de vie à l'encontre de ce que recherche la masse. Tant pis.)

- **Me former constamment pour devenir meilleur chaque jour et mieux aider.** (je n'aurai pas la solution à certains problèmes et je devrai chercher de l'aide à mon tour.).

Et pour toi, qu'est ce que ça donne? As-tu mis sur le papier cette vision plus claire de la façon dont tu veux vivre ta vie?

Pourquoi te fixer des objectifs?

Maintenant que tu sais d'où tu viens et où tu veux aller, il te ne reste plus qu'à faire le chemin. Un long chemin que je te conseille de faire par étapes comme la route des vacances. D'ailleurs, dans ta vie aussi, tu vas connaître des périodes roulantes, des pauses et des pannes. L'important est que tu continues d'avancer malgré tout. Ces étapes par lesquelles tu vas passer sont des objectifs intermédiaires qui découlent des objectifs globaux que tu viens de te fixer. On verra un peu plus loin comment les déterminer. Je veux d'abord t'expliquer pourquoi il est si important que tu te fixes des buts.

Donner du sens à tes actions - Le fait de te fixer des objectifs cristallise ce que tu souhaites atteindre dans ta vie. Ça te donne des buts concrets pour lesquels tu as la niaque de te battre. En fait, avoir des objectifs bien définis c'est t'assurer d'avoir un moteur qui te tire constamment vers l'avant et éradique le laisser-aller.

Ne plus t'ennuyer - Te fixer des objectifs c'est t'assurer d'avoir constamment quelque chose de significatif à faire pour te rapprocher de ton but. Evidemment, il ne s'agit pas de te tuer à la tâche H24, mais ça te motive à mieux gérer ton temps et cadrer tes distractions pour ne pas le perdre bêtement.

Prendre confiance en tes capacités - Se fixer des objectifs, c'est se donner des victoires à décrocher. Quand tu y arrives, en gagnant en expérience, en connaissances et en compétences, tu nourris une sensation d'accomplissement qui développe ta confiance en toi. Ça enclenche un cercle vertueux: plus tu as confiance en toi, plus tu t'engages à réussir, plus tu décroches de grosses victoires et plus tu bétonnes ta confiance.

Rendre ton rêve accessible. - Ta vie MAXIMALE, bien que maintenant clairement définie, peut toujours te paraître abstraite. C'est logique parce que, par définition, tu n'y as pas encore accès dans ton quotidien. Quand tu te fixes des objectifs intermédiaires, c'est comme si tu rendais ce rêve immédiatement accessible dans la réalité de tes moyens et de tes ressources actuelles.
Supposons, par exemple, que tu rêves d'être un chanteur qui remplit des stades. Tu ne vas pas y arriver du jour au lendemain, on est d'accord. Par contre, en te fixant comme objectif d'écrire ton premier album, tu peux immédiatement toucher du doigt ce rêve en commençant à écrire tes chansons. Tu peux alors poursuivre en te fixant l'objectif de créer une communauté de 10000 fans sur Internet qui te donneront la notoriété et les moyens suffisants pour décrocher un premier petit concert. Une fois celui-ci atteint, tu peux viser de plus en plus gros jusqu'à atteindre ton rêve ultime.

Comment bien se fixer des objectifs.

Te lancer n'importe comment en ayant seulement l'objectif final en tête c'est t'assurer de te décourager au bout d'une semaine en ne voyant aucun résultat. Rappelle toi, l'objectif final représente le haut de ton escalier. Pour l'atteindre tu vas devoir passer par des paliers que sont des objectifs à moyen terme, que tu atteindras, eux-même, en gravissant une par une des marches, soit des objectifs à court terme.

Tu dois porter une attention particulière à ces derniers. C'est de leur définition que dépend ta réussite éclatante ou une succession décourageante d'échecs.

Il existe pour cela une méthode reconnue qui consiste à se fixer des objectifs SMART, c'est à dire:

S pour Spécifique et Simple

La complexité ralentit l'action. Ton objectif doit être spécifique et simple. Un bon moyen d'en juger est de te demander s'il est suffisamment clair pour que toute personne qui en prenne connaissance comprenne immédiatement ce que tu as à faire. La simplicité permet qu'il se grave facilement dans ta mémoire. Si ton objectif est flou et que tu ne sais pas par où commencer, c'est le meilleur moyen de ne pas passer à l'action et de t'auto-saboter. La spécificité permet à ton objectif d'être précis de façon à ce que tu évites de te disperser.

M pour mesurable

Tous les jours tu te bats contre ton cerveau qui adore se reposer. Tu ne peux pas te fier à ton seul ressenti pour progresser efficacement.

Quand tu estimes que *"c'est bon"* ou que *"ça va le faire pour aujourd'hui"*, sache que t'as encore une grande marge de manoeuvre. Pour contrer ce biais, ton objectif doit être mesurable, c'est à dire que tu dois pouvoir mesurer concrètement si tu l'as atteint ou pas. Par exemple, tu ne vas pas juste aller courir mais aller faire 5km, et pas moins.

A pour ambitieux.

Ton objectif doit représenter un défi sans pour autant être hors d'atteinte. Ainsi, il te stimule, t'évite l'ennui et alimente ton estime de toi-même en t'amenant à dépasser tes limites. Attention à ne pas viser trop haut non plus. Si tu te fixes un objectif trop ambitieux, tu pourrais te décourager à force de ne pas l'atteindre. N'hésite pas à l'actualiser et l'ajuster constamment en fonction de tes résultats.

R pour réalisable.

Même si ton objectif doit être ambitieux et te pousser à bouleverser un peu les choses, il ne doit pas être déconnecté de ta réalité. Il s'agit ici de faire entrer en compte ton environnement et tes limitations. Tu dois viser des buts réalistes en fonction de ta condition physique, de ton temps libre, de tes obligations, etc. Il est évident que tu ne te fixeras pas les mêmes objectifs à 32 ans et à 54 ans, de même que si tu vis seul ou avec une famille. Tu ne peux complètement te soustraire ou contrôler ton environnement. Prends-le en compte dès le départ.

T pour Temporellement défini.

Si tu n'imposes pas une date butoir pour un objectif, tu te laisses virtuellement tout le temps du monde pour le réaliser. C'est une mauvaise stratégie à cause de la loi de Parkinson qui dit que *"tout travail finit par occuper le temps qui lui est imparti"*. Sans date butoir, tu ouvres grand la porte à la procrastination et à la stagnation. Fixer ton objectif dans le temps le rend plus concret et force ton cerveau à mobiliser tes ressources pour l'atteindre dans le temps imparti.

Je te donne un exemple de mise en place d'objectif SMART en prenant un de mes objectifs actuels. Je cherche à devenir "*plus souple*" pour gagner en mobilité, améliorer mes performances sportives et maintenir mon corps dans un excellent état de santé. Or "*devenir plus souple*" est un objectif beaucoup trop flou. Il n'est ni spécifique, ni défini dans le temps et ne me pousse pas à passer à l'action parce qu'il est beaucoup trop abstrait.

"*Écarter mes pieds de 10 cm supplémentaires sur la figure du grand écart facial d'ici 1 an*" est un objectif beaucoup mieux défini. Il est spécifique car je sais de quoi il s'agit et ce que je dois faire. Les 10 centimètres le rendent mesurable. Il est atteignable et réalisable au vu de mes performances actuelles. Enfin, il est défini dans le temps. Je souhaite atteindre ce but dans un an. Pas "*un jour*" ou "*bientôt*". Non. Dans un an.

Il s'agit ensuite de transformer cet objectif à moyen terme en action concrète à réaliser chaque jour. Je commence par fixer l'objectif mensuel de gagner 1 centimètre d'écartement. Enfin, pour y arriver, je me fixe comme objectif quotidien de réaliser une séance d'étirements complète de 10 minutes.

Construire l'escalier: la feuille de route.

C'est maintenant à ton tour de transformer tous les objectifs lointains qui composent ta vie MAXIMALE en objectifs quotidiens bien définis avec la méthode SMART.

Pour se faire, je t'invite à répliquer l'exemple que je t'ai donné avec ma souplesse.

1. D'abord, détermine une façon de mesurer et de rendre concret ton but lointain.
2. Aide toi de cette métrique pour te fixer un objectif SMART sous un an qui découle de cet objectif lointain.
3. Répète le processus et fixe toi un objectif SMART sous un mois qui te fait progresser vers cet objectif à un an.
4. Finalement, déduis de cet objectif mensuel un objectif quotidien.

J'appelle l'ensemble des buts quotidiens que tu recueilles avec cette méthode la feuille de route parce que tout ce qu'il te reste à faire pour progresser à coup sûr vers ta vie MAXIMALE est de te discipliner à cocher chacun de ces objectifs chaque jour. Tout se passe comme si tu étais à bord d'une voiture autonome avec l'ordinateur réglé sur ta vie rêvée. Tu as juste à fournir les efforts pour la faire avancer. Ce n'est pas facile mais c'est simple comme bonjour.

Là encore, je vais illustrer mes propos en partageant avec toi la feuille de route que je suis en ce moment:

- Me coucher à 21h30 max et me réveiller à 4h30,
- Prendre 3 repas équilibrés et 2 collations saines pour atteindre un quota de 210g de glucides et 130g de protéines.
- Faire une séance de sport ou à défaut 1 séance d'étirements.
- Boire au moins 2L d'eau.

- Faire une sieste de 20 minutes en début d'après-midi à chaque fois que c'est possible.
- Travailler 3h par jour sur mon activité de coaching,
- Écrire 500 mots pour mon livre,
- Consacrer 1h à alimenter et animer mes réseaux, répondre aux mails et messages pour apporter conseils et valeur à mes abonnés.
- Lire au moins 30 minutes.
- Me former minimum 1h.
- Consacrer 30 minutes d'attention complète à mes fils (jeux, histoires, travail, ...)
- Passer moins de 3h sur mon téléphone.

A ton tour maintenant. Tu peux remplir ta propre feuille de routes que tu trouveras dans les annexes.

Feuille de route, mode d'emploi.

J'aimerais tout de même apporter deux précisions sur cette feuille de route.

Premièrement, je t'encourage, encore une fois, à utiliser la loi de Pareto pour établir une hiérarchisation dans tes objectifs. Donne la priorité à ceux qui vont t'apporter la plus grosse valeur ajoutée dans ta journée et te faire progresser plus significativement vers ta vie MAXIMALE. Si un jour, pour une raison ou une autre, tu n'es pas en mesure de tout cocher sur ta feuille de route, tu sauras lesquels privilégier. Réfère toi à la roue de la vie que tu as tracé en début de chapitre pour déterminer ceux qui sont le plus importants. Donne une priorité absolue aux aspects notés 4 ou moins. Ce sont des urgences à traiter dans ta vie. Chaque jour, discipline toi à remplir les objectifs qui y sont attachés. Ce sont eux qui auront le plus d'impact sur ton bien-être général. Viennent ensuite les domaines notés entre 5 et 7 pour lesquels tu dois faire de ton mieux pour y investir du temps et des efforts. Tu n'es plus dans l'urgence mais dans la nécessité. Y travailler va largement contribuer à te faire sentir plus épanoui. Enfin, tu peux être moins exigeant sur les aspects notés 8 ou plus. Vois les plutôt comme des atouts sur lesquels tu peux te reposer pour alimenter le travail demandé par les autres.

Deuxièmement, ta feuille de route n'est pas gravée dans la pierre. Elle peut et doit évoluer en fonction de tes résultats et des événements extérieurs. Il est évident que si tu gagnes au Loto, tes objectifs en terme de finances vont être explosés. Si tu te casses une jambe, tu vas changer tes priorités pour donner plus d'importance au travail intellectuel. Plus simplement, si tu fais une avancée significative dans un domaine, tu vas devoir le réévaluer et actualiser tes objectifs quotidiens. Je t'invite à réviser ta feuille de route chaque semaine pour être toujours sûr d'avancer avec le bon rythme dans la bonne direction.

***

Et pour avancer chaque jour à coup sûr sur un maximum d'objectifs, tu ne peux pas faire plus efficient que de te réveiller tôt pour y consacrer du temps de qualité. Dans le prochain chapitre, je vais te donner dix raisons puissantes de travailler sur tes objectifs le matin plutôt qu'à un autre moment de la journée.

RETIENS SURTOUT ÇA.

- **Il est PRIMORDIAL que tu fasses l'exercice de la roue de la vie en toute honnêteté pour faire le point sur ta vie actuelle.**

- **Définis ensuite ta vie MAXIMALE** en gardant à l'esprit que ça ne doit **pas être le reflet d'une vie parfaite, hors d'atteinte.**

- **Se fixer des objectifs c'est faire la moitié du travail.** Ça canalise ton cerveau et tes ressources. **Utilise la méthode SMART.**

- **Procède par étapes pour découper chacun des objectifs lointains de ta vie MAXIMALE en objectifs quotidiens.**
  La liste de ces objectifs est ta feuille de route vers la réussite.

- **Passe à l'action chaque jour** pour abattre ces objectifs par ordre de priorité.
  Révise régulièrement ta feuille de route.

Johanna.

24 ans, étudiante, 5h00.
@jorealini

Le réveil maximal m'a permis de me découvrir et d'atteindre ENFIN des objectifs que je repoussais depuis des années (notamment le sport).

Je sais maintenant ce qu'est le dépassement de soi: c'est ce carburant qui me fait me lever de bonne heure tous les matins.

J'aime cette harmonie, avant l'aube, où le reste du monde dort et que de mon côté, je passe à l'action. J'avance à mon rythme, certes, mais je me prouve au quotidien que tout est possible avec ces 3 piliers: engagement, autodiscipline et persévérance.

Je pense qu'il ne faut pas hésiter et se lancer. Tu verras par toi même où l'aventure te mène, et crois moi, tu seras vraiment fier du chemin que tu auras parcouru.

9. LES 10 LEVIERS LES PLUS PUISSANTS DU MATIN

« Les heures sont d'égale longueur mais pas d'égale utilité. »
Proverbe danois.

Tu le connais ce kiff d'être le premier client d'un supermarché? Ça commence dès le parking quand tu peux te garer où tu veux en 5 secondes. Ça continue dans le magasin avec des allées vides et propres, des rayons pleins et un maximum de choix pour les produits frais. Comme tu es le premier client, le personnel est disponible et souriant. Tu peux faire tes courses rapidement et sans stress. Même le passage à la caisse se fait en un éclair. En définitive, tu vis ton passage au supermarché plus comme une expérience agréable que comme une corvée. Tout le contraire de ceux qui se pressent à l'heure de pointe dans des allées encombrées pour se contenter de ce qu'il reste avant de faire la queue 20 minutes à la caisse dans une atmosphère bruyante et tendue.

Quand tu te lèves tôt, tu fais partie des premiers clients du supermarché de la vie. C'est un supermarché particulier. Il est ouvert à tous H24, il ne fait pas de cadeaux, mais, il privilégie énormément ceux qui font l'effort de se réveiller tôt avec des "produits" qui leurs sont réservés. Ces produits, ce sont tout simplement des avantages colossaux qui te permettent de prendre un départ canon chaque jour et transformer l'expérience de ta propre vie.

Dans ce chapitre, je te donne ce qui sont pour moi les dix plus gros avantages à se réveiller tôt pour se discipliner à réussir.

Pour faire plus simple, à partir de maintenant, j'appellerai le matin que tu consacres à travailler à tes objectifs (donc à ta vie maximale) le matin ou réveil maximal.

Une heure en vaut 10.

Gagner du temps de qualité est LE bénéfice du réveil maximal.

Tout repose sur le fait de dormir plus tôt le soir, donc de "*sacrifier*" des heures mortes en autant de temps d'une valeur bien supérieure le matin. Au final, même si tu gardes le même temps d'éveil, tes journées sont transformées.

Si tu fais cette alchimie temporelle pour gagner 1 heure le matin, tu gagnes 365 heures par an. Ça fait 15 jours pleins. Si tu ramènes ce temps à des journées fictives de 12 heures de travail, ça fait 30 jours complètement dédiés à atteindre tes objectifs. En gros, tu gagnes un mois de vie MAXIMALE par an.

Ce temps que tu gagnes n'a rien à voir avec celui que tu as sacrifié. Il vaut beaucoup plus parce qu'il apporte énormément à ton épanouissement. Tout se déroule comme si tu passais d'une année de 12 mois à stagner à une de 13 mois à grandir. Et ça, c'est pour une seule heure par jour. Plus tu convertis des heures, plus tu gagnes de temps le matin et plus ton année fictive de développement s'allonge. Puisque le temps est la monnaie d'échange de la vie, le réveil maximal te permet de te créer une vie beaucoup plus riche dans laquelle tu ouvres grand le champ des possibles et des opportunités.

Tu n'as plus à faire de choix entre consacrer du temps aux autres ou à toi. Tu as le luxe de pouvoir faire les deux. Tu peux dédier du temps à ce qui te tient vraiment à coeur et ne plus te sentir coupable de ne pas avancer dans ta journée. Tu sais que tu as déjà fait le plus important peu importe ce qui se passe après.

En résumé, tu as tout à gagner et rien à perdre si ce n'est des heures de glande à scroller comme un robot ou à comater devant des séries, des jeux vidéos, du foot, de la télé-réalité ou [mets ici tout ce qui bouffe ton temps bêtement le soir]. C'est à toi de décider ce que tu veux qu'on retienne de toi: ton palmarès Netflix ou l'héritage fort que tu vas laisser à ce monde?

Tu peux être égoïste.

Je vais te donner un conseil qui va peut-être te faire tiquer mais sur lequel j'insiste: sois un gros égoïste. Fais de toi la priorité absolue et ne pense pas aux autres. Tu n'as pas d'autre choix si tu veux atteindre ta vie MAXIMALE. Comment tu comptes y arriver si tu tolères que d'autres personnes, que d'autres choses passent avant toi? C'est incompatible.

Par contre, tu dois être égoïste à une condition: quand tu es la seule personne dans la pièce. C'est à toi de créer, grâce au réveil maximal, un moment de solitude où tu vas faire de toi la personne la plus importante au monde. En te réveillant tôt pour travailler sur toi, tu envoies un message puissant à ton subconscient: *"J'existe et je SUIS ma priorité"*. Je ne suis pas psy mais je suis convaincu de l'influence énorme qu'ont les messages subconscients (ceux dont tu n'as même pas idée) sur notre comportement. En fait, le subconscient, c'est un peu comme un logiciel qui tournerait en permanence en tâche de fond dans ta tête. Il dirige tes pensées et tes comportements sans que tu le saches ou que tu puisses le maîtriser. Tout ce que tu peux faire c'est l'influencer avec des messages conscients. Par exemple, si tu te réveilles en étant persuadé de passer une mauvaise journée, le subconscient fera tout ce qu'il faut pour que ça arrive. Si tu es persuadé d'être malade, il s'occupera évidemment de faire en sorte que ce soit le cas. L'inverse est aussi vrai. Tu connais sûrement l'effet placebo qui peut guérir des maladies chez un patient persuadé de prendre des médicaments qui sont en fait des bonbons. Autant te servir de cet outil à ton avantage. Commence la journée sans repousser le réveil et décroche une première grosse victoire. Enchaîne ensuite avec du temps de qualité dédié à ton développement bien avant de faire quoique ce soit pour qui que ce soit d'autre. Fais de toi la priorité, vraiment. Dès qu'une autre personne entre en compte, nuance cette attitude et tends vers un rapport plus équilibré où tu cherches à apporter aux autres autant qu'à toi-même. Sers toi justement de ce que tu as gagné en étant égoïste pour leur apporter de la valeur et les aider à leur tour à tendre vers leurs vies maximales.

Tu es blindé d'énergie physique ET mentale.

La fatigue est une "*sensation pénible qui accompagne un affaiblissement physique dû à un effort physique ou mental excessif ou constant.*" Si tu pars de cette définition, tu comprends mieux l'intérêt du réveil maximal.

Le matin, c'est le début de ta journée et tu n'as pas encore fourni d'efforts excessifs physiques ou mentaux. Tes ressources énergétiques et ta volonté sont à leur maximum. C'est un très bon choix stratégique de les faire travailler pour toi avant toute autre chose parce qu'elles s'épuisent rapidement au cours de la journée. Pour la fatigue physique, je ne t'apprends rien: plus tu avances dans ta journée et plus tu te sens fatigué physiquement.

Pour la fatigue qui vient du mental, je vais développer un peu. C'est plus subtil. Il est très probable, d'ailleurs, que la fatigue que tu as accumulée le soir soit davantage d'origine mentale vu le faible effort physique qui t'est demandé dans la journée. Ce sont les situations stressantes et les sollicitations continues qui vont drainer ton jus si bien qu'il t'en restera très peu au moment où tu en auras vraiment besoin pour prendre des décisions importantes. Le risque est que tu fasses des choix par défaut, des raccourcis qui ne te demandent pas d'efforts parce que t'en as marre, tout simplement. Ce prix biologique que tu paies pour prendre des décisions s'appelle la fatigue décisionnelle. Elle a été étudié par le psychologue social Roy Baumeister. Il a montré que plus tu prends de décisions, moins tu es en capacité de faire un choix raisonné qui compare les options et analyse les données et les faits. Tout se passe comme si faire une décision consommait ta force mentale. Tu es alors plus susceptible de faire un choix qui te coûte le moins ou qui privilégie le statut quo. Dans le premier cas, tu agis sans réfléchir aux conséquences de tes actes, dans le second cas, tu figes ta situation dans la médiocrité. De toute façon, ce sont des choix qui auront des répercussions négatives sur le long terme.

Une étude israélienne illustre cet effet en comparant les décisions de 8 juges portant une décision sur 1112 cas. Les juges devaient décider d'accorder une liberté conditionnelle ou une modification de celle-ci à des détenus déjà condamnés. Le graphe ci dessous te montre les résultats.

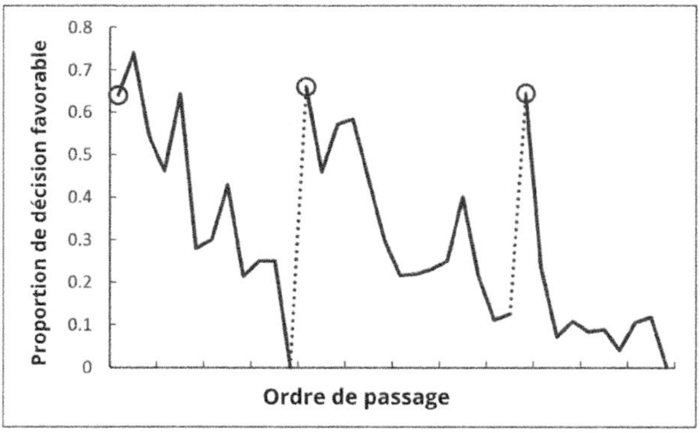

Le cercle montre la première décision de chacune des 3 sessions. Une graduation sur l'axe horizontal est marquée à chaque fois que 3 cas sont présentés aux juges. Les lignes pointillées représentent les pauses repas. Il y a une diminution de la probabilité de se voir accorder une réponse favorable de la part du juge au cours du déroulé d'une même session. Un prisonnier présenté en début de session a environ 70% de chances de voir sa demande accordée là où un prisonnier présenté en fin de session voit cette même probabilité chuter entre 0 et 10%. Plus le juge prend de temps et met de l'énergie à étudier le cas de détenus, moins il aura de ressources pour faire le même effort pour le détenu suivant et plus il tendra vers le statut quo. Ces résultats montrent aussi un autre phénomène intéressant: les pauses repas semblent agir comme une réinitialisation des capacités du juge. Ce dernier est plus enclin à faire des efforts et étudier un cas lorsqu'il se sent ressourcé et a de l'énergie après un bon repas.

J'espère que ces résultats, en plus de ton ressenti, te font réaliser l'intérêt stratégique de te réveiller plus tôt pour faire de toi une priorité, d'utiliser tes ressources pour ton développement et de prendre les meilleures décisions pour toi. Si tu le fais plus tard dans la journée, d'autres vont taper dans tes ressources avant toi et tu vas utiliser ta force mentale pour construire la vie MAXIMALE d'un autre. C'est con, non?

Tu as TOUTE ta volonté.

La volonté est ce qui te permet d'interrompre un fonctionnement automatique (souvent néfaste) pour faire autre chose. Si tu es un fumeur, le processus automatique est de fumer. Ta volonté entre en jeu pour t'en empêcher quand tu décides d'arrêter. Quand tu vas au cinéma pour la première fois après avoir décidé d'arrêter le sucre et que tu résistes à acheter du pop-corn, c'est par pure volonté. La volonté est un outil très puissant pour te donner la force de modifier ton comportement mais tu n'en as qu'une quantité très limitée. C'est un peu comme la potion magique d'Astérix. Tu dois t'en servir à chaque fois que tu fais face à quelque chose qui met en péril l'atteinte de tes objectifs. Vu sa rareté et son caractère précieux, je te conseille de l'utiliser à ton avantage le matin pour des actions à fort effet de levier pour ton développement. Si tu le dois, je te conseille même d'utiliser toute ta volonté pour sortir du lit quand le réveil sonne.

Tu dois sûrement te demander pourquoi je te parle de volonté alors que ça ressemble vachement à de l'autodiscipline. Quelle est donc la différence? En fait, la volonté c'est de la discipline quand la discipline n'existe pas encore. Ça en est l'amorce. C'est quelque chose de plus brutal, de plus violent. C'est ce que tu mobilises en te faisant un peu mal quand tu as pris la décision de changer un comportement uniquement en te basant sur l'espoir d'obtenir les bienfaits qu'on t'a vantés et qui te font baver d'envie. Utiliser sa volonté, c'est faire un saut dans l'inconnu en espérant le meilleur. La discipline, elle, arrive plus tard, quand tu as acquis par l'expérience la conviction que ce nouveau comportement est bon pour toi. La discipline est plus rationnelle. Tu peux la mobiliser en te rappelant des faits concrets et des bénéfices dont tu as vraiment déjà bénéficié. C'est un peu comme un avion de chasse. Quand il décolle, il doit pousser ses moteurs à fond, à leurs limites de fonctionnement, pour prendre suffisamment de vitesse et créer la portance nécessaire à l'arracher du sol. C'est quelque chose de très court et de très brutal utilisé uniquement pour se lancer. Une fois en l'air, le pilote bascule immédiatement sur un fonctionnement plus soutenable pour les moteurs. Il peut aussi moduler la puissance pour garder une vitesse stable en fonction de la résistance qu'il rencontre tout comme tu peux recruter ta discipline en fonction des épreuves auxquelles tu dois faire face.

La volonté est une ressource hyper précieuse qui va te permettre d'amorcer un changement que tu pourras ensuite soutenir avec de l'autodiscipline. Une fois que c'est fait, tu peux à nouveau disposer de ta volonté pour amorcer d'autres changements alignés avec ta vie MAXIMALE.

Tu n'as plus besoin de volonté pour te réveiller? Parfait, tu peux maintenant l'utiliser pour te botter le cul et faire du sport. Quand tu n'en auras plus besoin pour le sport, tu pourras l'utiliser pour t'inscrire à une formation en ligne, etc...

Sans le réveil maximal, ton capital volonté est entamé, voire épuisé, au cours de la journée. Si t'as de la chance, tu l'auras utilisé pour toi. Sinon, tu l'auras gaspillé pour quelqu'un d'autre. Dommage.

Quoiqu'il en soit, quand arrive le moment que tu as décidé de te consacrer, sans cette précieuse volonté, il se peut que tu échoues constamment à passer à l'action. Ton cerveau, ce faible, ne rencontre alors aucune résistance quand il te pousse dans un mode de fonctionnement automatique qui encourage le confort et la détente.

Tu baignes dans la sérénité.

Quand tu te réveilles tôt, tu fais partie des 3% qui font l'effort monstrueux de s'arracher de leur lit pour progresser. Ça veut dire que 97% des gens dorment et que tu es seul dans ton monde. Tu es au calme, tu n'as pas à subir les nuisances sonores des autres et de ton environnement. Tu ne risques pas de recevoir de notifications de tes amis, personne ne va venir t'interrompre dans ton travail, tu ne vas pas recevoir d'appel. Très peu de voitures circulent, les télés et radios sont éteintes, peu de monde fait du bruit dans la rue. C'est simple, tu as le contrôle total sur ton environnement et sur la façon de dépenser ton temps. En fait, tu démarres la journée dans des conditions idéales où le stress n'existe pas. Puisque la journée est le prolongement du matin, elle aussi, sera beaucoup plus sereine. Et à force de cumuler de telles journées, tu accèdes finalement à une vie plus zen.

Ces conditions idéales propices à ton développement n'existent pas à un autre moment de la journée. Si tu fais le choix (je ne te le conseille pas) ou si tu es obligé de te consacrer du temps en journée, tu vas devoir faire avec le bruit, les interruptions intempestives, les distractions et les aléas. Bon courage.

Tu mets ta productivité sur orbite.

Le second avantage à cette sérénité est que tu peux te concentrer à fond sur tes tâches et faire de grosses avancées. Pour bien comprendre l'importance de la concentration, pense aux rayons du soleil. Ils peuvent juste te caresser d'une douce chaleur s'ils sont dispersés ou te brûler au troisième degré s'ils sont concentrés en un point. C'est ça la puissance du focus. Quand tu t'exposes aux distractions en journée, tu mets sérieusement en péril l'avancée et la qualité de ton travail. Pouvoir te concentrer le matin est un avantage vraiment colossal.

En 2005, Glenn Wilson a montré, dans une étude réalisée pour HP, que le fait de faire plusieurs choses à la fois, comme par exemple vérifier ses mails ou répondre à un coup de fil pendant qu'on travaille sur une tâche avait pour effet de réduire le quotient intellectuel de plus de 10 points. Bien que l'auteur n'ait pas fait lui-même cette comparaison, sache que c'est encore plus néfaste que si tu fumais un joint ou que si tu passais une nuit blanche.

Dans un environnement de travail classique, tu te fais déranger en moyenne toutes les 3 minutes (emails, téléphones, messages, collègues, bruits extérieurs). Chaque interruption demande un laps de temps plus ou moins long pour retourner efficacement à la tâche: de 64 secondes après un email jusqu'à 25 minutes pour des interruptions majeures. Résultat? Tu avances péniblement sur des tâches qui auraient pu être terminées en 3 fois moins de temps si tu étais concentré. Quand tu bosses à atteindre ta vie MAXIMALE, tu ne peux pas te permettre le luxe de perdre du temps pour des pacotilles.

Aussi, pour mettre à profit le temps de qualité que tu t'accordes le matin, je te propose de booster tes capacités de travail en appliquant une technique de productivité très célèbre et qui a fait ses preuves: le pomodoro. Ça veut dire tomate en italien et ce nom vient du fait que l'inventeur de cette technique, Francesco Cirillo, utilisait un minuteur en forme de tomate pendant ses études à la fin des années 1980. C'est une technique qui consiste à planifier et respecter des périodes de 25 minutes de travail intense appelés pomodori (tomate au pluriel en italien) pendant lesquelles toute ton attention est focalisée sur une seule tâche à effectuer.
C'est d'ailleurs la technique que j'utilise moi même au moment où j'écris ces mots à 6h09 ce mercredi matin. Il me reste 15 minutes sur mon pomodoro actuel.

Pomodoro: comment faire en pratique?

1- décide de la tâche à exécuter et planifie tout ce que tu dois faire.

2- coupe toutes les distractions qui peuvent troubler ta concentration. Si tu travailles sur ordinateur, ferme tous les logiciels et onglets internet qui ne sont pas en lien avec la tâche en cours. Mets ton téléphone en mode avion et concentre toi.

3- travaille sans interruption sur cette tâche pendant 25 minutes.

4- Prends une pause de 5 minutes pour te rebooster: faire quelques pas, boire de l'eau, t'étirer, etc.

5- Recommence et prends une pause plus longue tous les 4 pomodori.

Tu peux bien sûr adapter cette technique en modifiant la durée du pomodoro pour qu'elle soit plus adaptée à ce que tu as à faire et/ou ta capacité de concentration.

En répétant ce processus tous les jours, tu vas gagner en concentration, c'est à dire augmenter ta capacité à focaliser ton attention sur un seul sujet ou une seule pensée en excluant toute autre chose. C'est un avantage massif qui va te permettre de:

- mieux contrôler ton esprit en rejetant toute pensée parasite,
- moins stresser et gagner en sérénité puisque tu avances bien sur tes projets,
- te focaliser sur les pensées constructives et dégager les mauvaises,
- faire moins d'erreurs,
- travailler plus efficacement et gagner en productivité donc faire le même nombre de choses plus vite ou en faire plus dans le

même laps de temps.

Si tu combines tout ça avec le pouvoir de la gratification différée, je te laisse imaginer les résultats monstres que tu vas obtenir au fil du temps.

Tu as le contrôle total.

Carl von Clausewitz était un officier général et théoricien militaire prussien qui a vécu au 19ème siècle. Il est l'auteur d'un traité militaire intitulé "*De la guerre*" dans lequel il parle de ce qu'il appelle la friction: *"ces choses surprenantes qui se produisent en temps de guerre et qui rendent même la chose la plus simple difficile"*.

Même s'il parlait de la guerre, cette définition de la friction s'applique sans problème à la vie quotidienne. La friction c'est tout ce qui te tombe sur le coin de la figure et qui te décourage de faire même la plus simple des choses. D'autres appellent ça la loi de Murphy: *"Tout ce qui est susceptible d'aller mal, ira mal"*. Tu vois de quoi je parle? Un gosse malade, un jour de grève, une voiture en panne, la pluie, Internet qui déconne pile-poil quand t'en as le plus besoin... Bref, tout ce qui semble se lier contre toi pour te saper le moral et ton envie d'avancer. C'est comme si on te punissait de vouloir t'élever.

Par définition, tu n'as aucun contrôle sur la friction mais ce n'est pas pour autant que tu dois la laisser gagner.

Une première étape est de "*faire avec*", de l'intégrer dans ton processus de développement. Leonard de Vinci a écrit *"ne pas prévoir c'est déjà gémir"*. Accepte l'éventualité, qu'à un moment donné, un obstacle va se présenter. Prépare-toi en mettant en place une conduite à tenir pour y faire face et avoir un comportement adapté à la réalisation de l'objectif malgré l'adversité.

Ensuite, si tu considères la friction comme un coup que la vie tente de te porter, tu peux adopter une attitude beaucoup plus agressive pour la déjouer. C'est à l'image de ce qu'on apprend au krav-maga pour se défendre contre un assaillant portant un coup de bâton. Il faut lui foncer dessus le plus tôt possible à partir du moment où il lève son bras. De cette façon, tu ne lui laisses pas le temps de développer la vitesse et la puissance du mouvement. Tu peux l'intercepter et le maîtriser avant qu'il ne te porte le coup. Parfois la meilleure défense c'est l'attaque. Quand tu pratiques le réveil maximal, tu ne laisses pas à la journée le temps de te porter ses mauvais coups. Tu attaques férocement et réduis au minimum les circonstances qui peuvent faire défaut. Si tu attends trop et que tu décides de travailler sur toi plus tard, tu adoptes une attitude passive qui laisse à la vie toute la latitude pour te mettre des bâtons dans les roues et sérieusement mettre en péril tes objectifs.

En fait, il s'agit d'appliquer le vieil adage: *"ce qui est fait n'est plus à faire"*. Si tu te réveilles tôt et que tu fais de ton développement une priorité, tu réalises la plupart (si ce n'est la totalité) de tes objectifs quotidiens dès le matin. Même si tout va mal dans le reste de la journée, même si les galères s'enchaînent, tu sais que tu auras fait ce qui est important pour toi. Stratégiquement, tu as tout à gagner.

Ne laisse pas ta réussite aux mains du hasard.

Tu entretiens une énergie explosive.

D'après toi, qui est ce qui a plus de chances de réussir à atteindre ses objectifs quotidiens et donc sa vie de rêve? Le gars (ou la nana) mollasson affalé sur son canapé qui s'enfile des paquets de chips devant la télé et creuse un peu plus ses valises sous les yeux chaque soir ou celui (ou celle) qui se lève du bon pied, débordant d'énergie pour se mettre au travail après un petit déjeuner sain chaque matin?

Pour persévérer dans le réveil maximal, bichonner ton hygiène de vie est primordial. Si tu ne le fais pas, tu vas t'épuiser rapidement et finir par être dégoûté en te disant que ce n'est pas pour toi. Il est donc indispensable que tu adoptes de meilleures habitudes en terme de nutrition, d'activité physique et de sommeil.

La nutrition correcte t'apporte la bonne quantité d'énergie et surtout tous les éléments nutritifs essentiels au fonctionnement optimal de ton corps. L'activité physique t'aide à avoir un corps plus fort, puissant, mais surtout plus endurant et mieux régulé. Enfin, ce sont les bonnes habitudes de sommeil exigées par ce mode de vie qui t'apportent les bienfaits les plus importants en permettant à ton corps de se reposer correctement.

La bonne nouvelle est qu'adopter le mode de vie du réveil maximal te donne l'autodiscipline nécessaire pour changer tes habitudes. Comme l'a si joliment dit Virginia, une de mes coachées, *"tout est en synergie"*. C'est un cercle vertueux qui te bâtit un corps tonique et fiable au fil du temps. Sache qu'il n'y a pas mieux que la prévention en terme de santé et qu'adopter des habitudes quotidiennes saines peut te faire gagner plusieurs années de vie pleine.

C'est vraiment une satisfaction indescriptible de se sentir vivant, débordant d'énergie et d'avoir la sensation de pouvoir faire face à tout ce qui t'attend dans la journée. Je me rappelle quand j'ai commencé à sentir ces effets. J'étais chercheur dans un laboratoire de géotechnique. Je faisais des essais sur un dispositif au sous-sol et, en même temps, je rédigeais des rapports à mon bureau au premier étage. Je faisais une bonne trentaine d'allers-retours entre les deux par jour. Je ne pouvais vraiment pas m'empêcher de bondir dans les escaliers et de les monter deux par deux tellement je me sentais dans une forme explosive. J'étais loin du gars qui s'essoufflait à en crever en courant après un ballon 5 ans plus tôt.

En bonus, tu profites de cette énergie explosive dans tous les pans de ta vie parce qu'en ayant plus d'énergie, tu deviens une personne beaucoup plus active et volontaire. Tu peux en faire profiter à ton entourage et à tes proches en leur apportant de l'aide, du temps de qualité et des activités nouvelles. J'en veux pour exemple un de mes coachés qui, en rentrant du boulot plein d'énergie un jeudi soir, a surpris sa femme en décidant d'amener ses filles à la piscine là où il adorait auparavant se jeter sur son PC pour jouer.

Te faire violence pour adopter le réveil maximal est un énorme service que tu te rends parce que ça t'oblige à remettre en cause ton hygiène de vie. Si, comme la majorité des gens, tu décides de te laisser porter par le quotidien, tu peux passer des décennies sans jamais prendre de recul sur ce point et te faire beaucoup de mal. Le réveil maximal est vraiment une opportunité en or de mettre ta santé sur orbite tout en gagnant en productivité. Tu devrais la saisir.

Urgemment.

Tu bétonnes ta confiance en toi.

Rappelle toi quand tu étais enfant ou pense à la façon qu'ont les adultes de faire avec eux. Pour aider les enfants à prendre confiance en eux et à grandir, on les pousse à relever des défis à leur hauteur et on les félicite quand ils y arrivent. Ce sont des actions dont on sait qu'ils sont capables mais qui représentent un challenge. C'est par exemple faire du vélo sans les petites roues, cuisiner seul, faire un plongeon dans l'eau, participer à un spectacle, bricoler un petit truc ou juste apprendre à faire ses lacets. On les pousse à le faire parce qu'on est convaincus que ça va leur être bénéfique et les aider à prendre conscience de leurs capacités.

Pour moi, c'est bien là la preuve que le passage à l'action est un moyen efficace de bâtir sa confiance en soi. C'est le passage à l'action qui te permet d'explorer et de découvrir ton potentiel, tes capacités et tes limites. C'est parce que tu vas bouger que tu vas pouvoir les tester et les repousser pour grandir. C'est ce qui rend si beau la jeunesse. C'est le fait que tu ne cesses d'apprendre et d'expérimenter qui rend cette période si excitante. Malheureusement, en avançant dans la vie, en tombant dans la routine de la vie active, en glissant dans un quotidien confortable et pour toutes les raisons évoquées dans le chapitre d'introduction, tu cesses d'un coup de relever des défis et de te mettre en action. Cette même action qui est nécessaire pour apprendre à te connaître et avoir confiance en toi. Résultat, elle s'étiole petit à petit parce que tu recules devant tout nouveau challenge qui te fait peur. Comment tu veux connaître ta grandeur si tu ne fais rien d'autre que te contenter de survivre?

Avec le réveil maximal, tu passes à l'action et tu triomphes chaque matin. Tu commences chaque journée par la fierté de décrocher une série de réussites qui te permettent de gagner en expériences, savoirs et compétences. Chaque jour, tu explores un peu plus ton potentiel et prends conscience de ta capacité à obtenir des résultats qui te font avancer concrètement vers tes rêves. En d'autres termes, chaque jour tu construis et consolides une grande confiance en toi. C'est un atout qui n'a pas de prix. Tu es beaucoup plus conquérant quand se présentent des opportunités qui représentent un défi pour toi. C'est la garantie d'une progression constante et d'une vie épanouie où tu ne t'ennuies plus.

Mais ça va encore plus loin. Le fait que tu bâtisses cette confiance en toi et que tu fasses preuve d'une grande assurance contribuent à te construire une image de personne fiable. On sait qu'on peut compter sur toi et c'est tout naturellement que les personnes se tournent vers toi pour te demander du soutien et des conseils. En somme, tu développes un leadership naturel qui te permet d'aider les autres. C'est une source de satisfaction immense.

Tu as l'honneur de voir le soleil se lever.

Enfin, le réveil maximal te permet de pouvoir profiter chaque matin d'un des spectacles les plus beaux de la nature: un lever de soleil.

Tu peux assister de ton point de vue insignifiant, à l'incroyable mécanique céleste dont ton esprit ne peut même pas concevoir la grandeur. Je pense, personnellement que sentir des photons qui ont mis des millions d'années pour voyager du centre du soleil à sa surface puis 8 minutes pour traverser 150 millions de kilomètres à la vitesse de la lumière dans le vide intersidéral pour transférer leur énergie sous forme de couleurs incroyables et d'une douce chaleur sur ta peau est l'une des meilleures expériences de gratitude et d'humilité qu'il puisse t'être donné de vivre. Elle te rappelle chaque jour à quel point tu n'es rien qu'un pion microscopique et comme tu as de la chance de pouvoir vivre un jour de plus à côtoyer ces colosses de la nature qui tolèrent ta présence. Cela te permet de prendre un sacré recul chaque jour. C'est le genre de contemplation méditative qui t'est inaccessible au quotidien si tu ne pratiques pas le réveil maximal.

***

Comme tu le vois, se lever tôt c'est non seulement prendre la vie sous un autre angle mais aussi prendre un avantage massif sur le reste du monde. Quand, eux, se prennent le réveil en pleine figure pour commencer la journée en stress, tu as déjà écrasé une bonne partie de tes objectifs et démarré la journée en prenant une sacrée dose de fierté et de confiance en toi. C'est énorme. Ça en fait pour moi l'outil idéal pour amorcer un changement de vie et tendre vers l'épanouissement.

Dans le prochain chapitre, on va voir de manière très pratique comment tu peux planifier ton matin maximal pour qu'il te tire du lit chaque jour et t'assure de passer à l'action pour avancer constamment vers ta réussite.

RETIENS SURTOUT ÇA.

- Le réveil maximal te permet d'être dans les **meilleures dispositions physiques et psychiques** pour travailler sur ce qui compte pour toi.

- Le calme et la solitude du matin sont des atouts énormes pour ta productivité et ta concentration.
  Tu peux en faire plus, plus vite, et **gagner en sérénité.**

- Le temps du matin vaut infiniment plus que celui du soir.
  Te réveiller **1 heure plus tôt** revient, sur l'année, à passer **30 journées de 12h** à travailler exclusivement à ta réussite.

- Le réveil maximal te permet d'**être égoïste** (crucial pour atteindre ta réussite) **de la bonne façon** puisque tu es la seule personne debout.

- Commencer ta journée par la victoire du réveil et l'atteinte de tes objectifs **booste ton sentiment d'accomplissement et ta confiance en toi** chaque jour.

- **Se lever tôt** c'est comme être le premier client d'un buffet à volonté: **t'as l'impression d'être un VIP.**
  Ressentir ça chaque matin change radicalement ta façon d'aborder tes journées, donc ta vie.

Pierre-Marie

23 ans, Ingénieur agroalimentaire et entrepreneur, 6h00.
@pm_vaillant

Depuis que je pratique le réveil maximal, j'ai gagné en productivité sur mes projets professionnels. Cela me permet de me libérer beaucoup de temps personnel pour profiter de mes amis, ma famille et pour faire des activités qui me font du bien.

Je n'ai aujourd'hui plus besoin de choisir entre le "travail" et me faire kiffer: je peux faire les deux dans la même journée. Rien de mieux que de la terminer en ayant avancé sur ses projets importants et en ayant profité de moments simples de bonheur. C'est un exercice que je recommande à tout le monde quels que soient les objectifs.

10. PLANIFIE TON MATIN SUR MESURE

"On ne perd pas de temps quand on aiguise ses outils."
Proverbe populaire

Je t'ai donné envie de te réveiller tôt? Seulement tu te sens peut-être un peu perdu. Tu ne sais pas par où commencer et à quelle heure te réveiller.

Pas de panique! J'ai tout prévu.

Dans ce chapitre, je te présente une méthode simple et efficace pour planifier un matin maximal puissant parce qu'il est complètement aligné avec tes objectifs mais surtout motivant parce qu'il enchaîne seulement des activités que tu as envie de faire.

Fais ce que tu veux, tout ce que tu veux, rien que ce que tu veux.

Commençons par le début. La règle de base que je te donne pour construire ton matin est de faire ce que tu veux.

Tout ce que tu veux.

Rien que ce que tu veux.

Laisse toi la liberté de faire seulement ce que t'as envie de faire.

Du coup, là, tu te demandes si j'ai perdu la boule et à quoi ça a servi que je te bouscule pour te pousser à réussir si c'est pour te dire de faire ce que tu veux. Je te rassure, tout va bien.

En fait, je fais juste confiance à la "*magie*" de la feuille de route. Si tu as bien fait ton introspection, et moi mon travail, ce que tu as **envie** de faire de ton matin est aussi ce que tu **dois** faire pour avancer vers ta vie de rêve. Tu as normalement envie de passer à l'action pour atteindre tes objectifs en accord avec tes valeurs, ta personnalité, tes besoins et tes priorités. Cela étant dit, rien n'empêche que tu utilises ce temps pour glander royalement. Même si ce n'est pas ton projet de départ, il se peut que ça arrive parfois. Rien de grave.

D'ailleurs, je me permets une petite précision: si, au départ, tu décides de te réveiller tôt pour jouer à la Xbox ou regarder Netflix, franchement, c'est déjà une excellente chose. Parce que, même si tu te réveilles plus tôt pour ne rien faire de productif, tu reprends au moins le contrôle de ton temps, de ton attention et de ton sommeil. Tu passes d'une vie où tu ne maîtrises pas l'heure de ton coucher à force de traîner sur les écrans à une autre où tu te disciplines à dormir plus tôt et où tu t'imposes une durée maximale de divertissement. C'est un grand premier pas stratégique pour reprendre le contrôle de ta vie. Si c'est ta priorité absolue et la seule chose que tu as prévu de faire, tu as tout mon soutien. Surtout ne sois pas découragé ou complexé en voyant le matin hyper productif d'autres personnes. Elles sont elles, tu es toi. Avance à ton rythme et crée le matin taillé juste pour toi en fonction de tes résultats et de tes objectifs.

Des possibilités (quasi) infinies

Ce que je trouve fort avec le matin c'est que tu peux quasiment tout faire. Du coup, tu peux vraiment créer un moment taillé sur-mesure pour toi en mixant plein d'activités diverses avec des finalités différentes. Ça peut donner des matins assez particuliers mais toujours puissants. C'est génial.

Je pourrais rédiger un chapitre entier sur le sujet mais je vais juste condenser de grandes idées en quelques lignes. Je te laisserai y piocher des idées et, surtout, les compléter avec tes propres trouvailles.

Le matin tu peux:

- ***Bouger*** - Course à pieds, Yoga, Pilates, étirements, HIIT, marche, musculation…Tu as un large panel d'activités pour bouger et réveiller ton corps. Tu es juste limité par tout ce qui nécessite des infrastructures ou une équipe.
- ***Lire*** - que ce soit de la fiction, par pur plaisir, ou des livres pratiques, la lecture est un excellent moyen de nourrir ton cerveau et de le garder alerte. Lire chaque jour est un excellent engrais pour ta vie.
- ***Créer*** - écris un livre, une BD, dessine, peins, etc… Profite du calme pour laisser exploser ta créativité et ne pas laisser moisir toutes ces belles idées que tu as en tête. D'ailleurs l'un des conseils les plus puissants qu'on m'ait donné un jour a été "*sois plus créateur que consommateur dans ta*

journée". Ça a littéralement changé ma vie alors je t'encourage vivement à y aller à fond ici.

- ***Te former*** - C'est primordial quelque soit ton objectif. Trouve l'information et intègre la pour progresser. Ne laisse pas passer l'opportunité énorme d'apprendre à faire ou devenir ce que tu veux.

- ***Cultiver ta paix intérieure*** - Que ça passe par de la spiritualité, la religion, de la méditation ou même un mix de tout ça, tu peux prendre le temps de te recentrer. Retrouve toi avec toi-même pour faire le point et décider de la direction que tu souhaites prendre pour la journée déjà et pour ta vie, surtout.

- ***Prendre de l'avance*** - Y'a pas de règles. Rien n'empêche que tu ranges, fasses la vaisselle, repasses ou fasses des corvées. Ça te permet à la fois de prendre de l'avance sur la soirée et de rentrer dans une maison propre après ta journée de boulot. Si tu penses que ça peut t'aider, teste!

- ***Apprendre*** - tu trouves littéralement tout ce dont tu as besoin sur Internet. Tu peux, par exemple, apprendre une nouvelle compétence dans le but de développer ton activité ou une nouvelle langue. Mets à profit tes matins pour être régulier et progresser rapidement.

- ***Prendre soin de toi*** - N'oublie pas que tu peux te permettre d'être égoïste à ce moment là, alors fais-le à fond. Tu as du temps donc utilise-le pour faire toutes ces choses que tu bâclais jusque là au détriment de ton bien-être: te faire beau (ou belle) et prendre la confiance par ce biais (d'ailleurs c'est un des points clés pour développer ton charisme, tu le savais?), cuisiner un repas sain pour ton déjeuner au lieu de t'enfiler un menu trop riche et trop cher, te préparer un meilleur petit déjeuner, etc…

- ***Faire plaisir aux autres*** - tu peux aussi décider de dédier du temps de ton matin aux autres. Prépare un petit déjeuner pour ta famille, écris un poème pour ton/ta chéri.e (ça fait toujours plaisir n'est ce pas?) Envoie un message à une personne chère dont tu n'as plus de nouvelles, etc.

Je m'arrête là mais la liste pourrait continuer encore et encore. Retiens juste que c'est toi seul qui fixe les limites de ce que tu peux faire le matin parce que quasiment (oui il y a des situations particulières) tout y est possible.

Personnaliser pour persévérer.

Dans la vie, c'est pas compliqué: les grandes choses s'obtiennent en faisant des petites choses avec constance et discipline. Autrement dit, ta réussite se trouve au bout de ta persévérance. Ta feuille de route l'illustre parfaitement. Tu as tout ce qu'il te faut pour avancer dans la bonne direction, il te suffit juste de le faire et d'enchaîner les matins efficaces. Et le meilleur moyen de s'assurer que tu le fasses est de rendre cette chose agréable en l'adaptant à toi. Tu dois te créer des matins taillés aux petits oignons juste pour toi, sinon, comment tu espères une seule seconde pouvoir durer dans le temps? C'est utopique.

Le réveil maximal c'est un peu comme un tatouage: chacun le sien! Tu le choisis en fonction de ta personnalité, ton style, ton histoire etc... Tu te vois rentrer dans un salon de tatouage et te faire sur un coup de tête le même que la nana qui vient de sortir? Je ne pense pas. Pour le matin c'est pareil. Ne calque pas bêtement celui de quelqu'un d'autre.

C'est une erreur que je vois trop souvent. Beaucoup de gens se lancent à fond dans une routine matinale pompée au hasard sur Internet. Ils abandonnent au bout de quelques jours parce que ça ne marche pas pour eux et ces gens se persuadent que le réveil matinal est réservé aux autres. Marielle, dont tu retrouveras le témoignage juste après ce chapitre, est passée par là. Elle qui souhaitait gagner du temps dans sa journée pour développer son projet entrepreneurial a subi plusieurs revers concernant le réveil matinal avant de se rendre compte de l'importance de le personnaliser pour en faire quelque chose de profondément axé sur soi-même, ses valeurs et ses objectifs.

Le truc est que nous sommes tous différents les uns des autres, il est donc normal que nos matins le soient. Là où quelqu'un va s'éclater dans un matin à enchaîner des activités intenses comme une séance de cardio suivie d'une douche froide, une autre préférera y aller plus en douceur avec de la marche méditative et du scrapbooking. C'est insensé de vouloir se copier les uns les autres quand on sait à quel point nos personnalités peuvent diverger.

Oublie la routine.

Pour aller plus loin, je te déconseille même carrément de créer une "*routine*" matinale. Si tu aimes les routines, c'est parce que ton cerveau paresseux adore que les choses soient figées. Ça lui évite de faire un travail de planification au quotidien. Aussi, la routine est quelque chose de rassurant pour toi parce que tu peux t'y raccrocher dans un quotidien mouvementé. Seulement, la routine c'est aussi perdre en flexibilité et te laisser l'opportunité de te trouver une excuse le jour où tu ne peux pas la faire correctement. Évidemment, ça dépend de chaque personne, mais est ce que tu es sûr à 100% de savoir comment tu vas réagir si ne serait-ce qu'une partie de ta routine tombe à l'eau?

Pour palier à ce problème, je te propose plutôt de construire chacun de tes matins en suivant ce principe moteur:

FAIRE DE MON MIEUX, CHAQUE JOUR, POUR AVANCER VERS MA VIE MAXIMALE EN FONCTION DES BESOINS ET DES CIRCONSTANCES.

Ça t'assure de passer à l'action chaque jour quoiqu'il se passe parce que tu sauras que, de toute façon, tu ne peux faire que de ton mieux et pas plus. Ça retire le sentiment de culpabilité de ne pas suivre ta routine tout en te motivant à ne pas stagner. Avancer selon ce principe est pour moi un gage de sagesse et de stratégie. Il prend en compte deux choses cruciales:

- les besoins qui sont dictés par ce que tu aimerais qu'il se passe dans ta vie
- les circonstances qui sont imposées par ce qu'il s'y passe vraiment, sans ton contrôle.

Tes besoins évoluent constamment au cours de ta vie pour tout un tas de raisons: tes priorités bougent, tes centres d'intérêt évoluent, t'as envie d'atteindre tel ou tel objectif plus rapidement… Bref! Je ne t'apprends rien en te disant que la vie n'est pas un long fleuve tranquille. Typiquement, si après avoir consacré tes matins à te former, tu réussis ta reconversion professionnelle en décrochant un nouveau job, tes besoins changent du jour au lendemain et tu peux consacrer ton temps matinal à d'autres objectifs. Autre exemple: pour donner la priorité à l'écriture de ce livre, je sacrifie depuis quelques mois un créneau d'apprentissage d'espagnol et j'ai réduit un autre consacré à la lecture. Une fois le livre paru, je pourrais à nouveau m'y replonger. C'est *bueno*!

En plus de tes besoins, tu dois faire avec les circonstances, autrement dit, ce qui te tombe sur le coin de la figure. La friction. Tu dois l'inclure dans ta démarche d'évolution parce que tu ne peux pas y échapper. Il y a des milliers de choses qui peuvent faire que ton réveil maximal ne se déroule pas comme prévu: des vacances, un enfant malade, un déménagement, de la visite chez toi, du matos en panne, ne pas avoir envie (tout simplement), etc.... Tes matins ne se ressembleront pas forcément (et c'est ok) et tu dois faire preuve de flexibilité pour avancer malgré tout. Ce que je vis au moment même où j'écris ces mots en est l'illustration parfaite, c'est un exemple en or massif. Je suis en plein confinement imposé par la pandémie du COVID-19. C'est le 1er Mai 2020 et il est 6h39. "*D'habitude*", c'est à dire les jours non confinés en période scolaire, je serais en train de faire du sport juste avant de préparer le petit déjeuner de mes enfants qui se réveillent à 7h. Or, là, étant donné qu'ils restent à la maison toute la journée et qu'il m'est impossible de travailler efficacement quand ils sont autour de moi, je fais le maximum de travail d'écriture avant qu'ils ne se lèvent et je permets à mon réveil maximal de se poursuivre plus tard, en leur présence. On fait ensemble une séance de sport et on prend le petit déjeuner. Conserver ma "*routine*" dans ces conditions aurait été une erreur grave qui m'aurait coûté des mois de retard sur la parution de mon livre, une grande frustration et un état mental dégradé qui aurait forcément affecté l'ambiance familiale alors que nous sommes confinés ensemble H24.

L'adaptabilité est une clé essentielle pour t'assurer d'avancer sur tes objectifs malgré l'adversité. Il existera des périodes assez routinières où tu enchaîneras des matins qui se ressembleront beaucoup. Seulement, ne laisse pas cette impression endormir ta vigilance et ta flexibilité.

Rappelle toi toujours que tu dois faire de ton mieux pour avancer vers ta vie maximale en fonction de tes besoins et de tes circonstances et garde en tête les deux règles d'or du réveil maximal:

1. **Fais le pour toi, selon toi.**
2. **Adapte-toi.**

Pour créer un matin taillé sur mesure pour toi, tu n'as pas à chercher bien loin. Il te suffit de piocher des activités dans tout ce que tu as à faire sur ta feuille de route. Tout le travail qu'on a fait ensemble jusque là nous amène à ce point précis. Il te donne sur un plateau toute une série d'actions complètement alignées avec qui tu es et avec la personne meilleure que tu souhaites devenir.

Le matin à blocs.

Pour créer facilement un matin excitant qui respecte les règles d'or, je te propose ma méthode que j'ai baptisé simplement: le matin à blocs.

En fait, il s'agit d'organiser ton matin sous forme de blocs de temps pendant lesquels tu te consacres à fond, sans distraction, à une activité ou un objectif. Ça te permet d'être flexible parce que tu peux adapter à ta guise le nombre et la durée des blocs. Concernant ces derniers, j'aimerais te donner quelques recommandations.

4 gros objectifs maximum. - Même si tu dégages du temps pour toi le matin, il reste limité. Il vaut mieux privilégier 3 ou 4 activités dans lesquelles tu vas t'investir pleinement jusqu'à atteindre ton objectif plutôt que de courir comme un chien fou à essayer d'en faire le maximum possible le plus vite possible (par exemple, 6 en une heure?). Quantité et qualité vont rarement de pair. Plus tu voudras en faire, moins bien tu feras. Pire encore, tu vas t'épuiser et te stresser à courir après la montre alors même qu'à l'origine, si tu pratiques le réveil maximal, c'est pour reprendre le contrôle de ton temps sans stress.

Prends le temps nécessaire de bien faire les choses - Le fait de passer d'une activité à l'autre détruit ta productivité. D'une part, le switch ouvre un intervalle durant lequel ton attention n'est plus captée par quelque chose de précis. Ça te laisse le loisir de divaguer et donc de perdre futilement ton temps. D'autre part, tu l'as déjà sûrement remarqué, ça te demande un certain "*temps de chauffe*" pour te mettre à fond dans quelque chose. Ça vient du fait que ton attention est limitée et que ça te demande un gros travail pour la canaliser sur ce que tu veux. Si tu changes trop souvent d'activités, tu ne te laisses pas le temps d'atteindre cet état de concentration optimale. Résultat, tu ne fais qu'effleurer les choses et tu obtiens des résultats médiocres en comparaison de ceux que tu aurais eus si tu avais consacré le temps suffisant pour bien faire les choses.

Quand tu le fais, justement, tu canalises tes ressources et tu crées un élan qui te permet d'obtenir des avancées majeures sur les objectifs que tu as choisis. Certes, tu peux te sentir frustré parce que tu délaisses chaque matin d'autres objectifs, mais, crois-moi sur le long terme tu es gagnant en qualité ET en quantité de résultats.

C'est à toi de fixer la durée optimale d'une activité en fonction de ta pratique, de ton expérience et des résultats que tu souhaites obtenir. Là encore, il faut faire au mieux. Par exemple, pour écrire 500 mots, je sais qu'il me faut au moins une heure de concentration pleine. Y consacrer 10 minutes serait un pure perte de temps puisque c'est au moins le temps que je prends pour me concentrer et reprendre le fil de ma pensée. Pour une séance de sport efficace, il me faut 40 minutes échauffement compris.

FOCUS! - Ton cerveau est paresseux. Il se jette sur tout ce qui passe à sa portée tant que ça lui dispense de faire l'effort de se concentrer intensément. Il est accro aux distractions. Pour optimiser au mieux le temps de ton réveil maximal, tu dois veiller à toutes les supprimer et à ne surtout pas t'autoriser à faire du multitâche. Le premier et le plus gros service que tu peux te rendre pour ça est, tant que possible, de ne pas toucher à ton téléphone portable (ou au moins ne pas aller sur les réseaux sociaux) pendant toute la durée de ton réveil maximal. Quand tu travailles sur une tâche, ne garde à ta portée que ce qui est utile. Si tu travailles sur ordinateur, ferme tous les logiciels et onglets internet qui ne sont pas liés à ce que tu dois faire. Enfin, abuse de la technique Pomodoro que je t'ai présentée plus tôt. Lance un compte à rebours correspondant à la durée de ton bloc et focalise toute ton attention sur une seule tâche sans jamais en dévier. Pour t'aider, tu peux même utiliser des applications qui bloquent l'utilisation de ton téléphone et de ton ordinateur pendant un certain temps si tu veux vraiment mettre toutes les chances de ton côté. Personnellement, j'utilise l'application Forestapp.

Pour décider à quoi seront dédiés tes blocs, réfère toi à l'ordre de priorité que tu as donné aux activités sur ta feuille de route. Choisis les 3 ou 4 premières pour remplir ton matin maximal (si c'est compatible évidemment, difficile de t'entraîner à la natation dans ton appart à 5h du mat).

En ce qui concerne le temps perdu dans les switchs d'activités, même si tu le réduis beaucoup en suivant mes recommandations, tu ne pourras pas complètement le supprimer ne serait ce que parce que tu as besoin de préparer du matériel, de faire une boisson, de t'étirer quelques minutes, etc. À celui-ci s'ajoute aussi le temps que tu vas mettre à te réveiller complètement, boire de l'eau, passer aux toilettes, etc.

Pour prendre en compte tout ce temps consacré aux choses fonctionnelles autour de tes activités, je te conseille d'inclure dans la planification de ton matin un bloc de temps supplémentaire dédié qu'on peut appeler bloc fonctionnel. Sa durée totale varie en fonction du nombre de switchs et de ta vitesse à émerger complètement. Typiquement, tu peux prévoir 15 minutes pour te préparer et 5 minutes à chaque fois que tu changes d'activité.

Finalement, le temps dont tu as besoin pour ton réveil maximal est égal à la somme des durées des blocs d'activité et du bloc fonctionnel comme le montre la formule ci-dessous.

Réveil Maximal = Bloc fonctionnel + Bloc Objectif 1 + bloc Objectif 2 + bloc Objectif 3 +...

Il ne te reste plus alors qu'à décider l'ordre de tes activités pour planifier ton matin et savoir exactement quoi faire dès que tu poses le pied par terre.

1. Commence par déterminer l'heure à laquelle tu estimes que ton matin maximal se termine, c'est à dire l'heure à laquelle tes impératifs extérieurs te rattrapent.
2. À partir de cet horaire, fais un rétro planning en plaçant les blocs de priorité dans l'ordre qui te convient le mieux.
3. Intercale entre chacun d'eux les 5 minutes nécessaires pour passer d'une activité à l'autre. Rajoute juste avant le premier bloc d'objectif le temps nécessaire pour te préparer.
4. Déduis-en l'heure de ton réveil.

Tu peux reporter toutes ces infos sur une chronologie pour t'aider à mieux visualiser ton matin comme je te le montre sur la figure juste après (tu peux directement créer ta frise du matin sur la page dédiée dans les annexes).

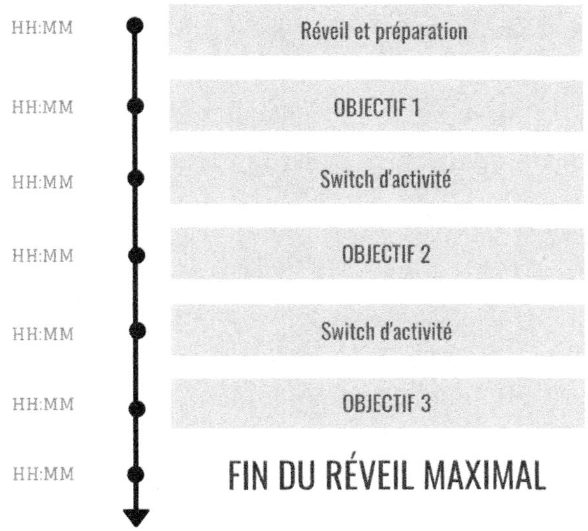

Si enchainer tous tes objectifs t'amène à une heure de réveil que tu estimes trop matinale au début, commence par un seul. N'aie pas peur de commencer "*petit*". Oui, petit entre guillemets, parce qu'il faut bien que tu te rendes compte que ce que tu fais est déjà énorme. Tu bouscules sérieusement tes habitudes et tu fais des efforts pour respecter ton temps et travailler à ta valeur. Même si c'est pour un seul objectif c'est déjà mieux que 97% des gens. Familiarise-toi avec ce nouveau rythme et 10 jours plus tard, ajoute un second objectif, puis un autre 10 jours encore plus tard, etc.

Je te donne l'exemple concret avec mes matins dans des conditions "*normales*". Je dois avoir fini à 7h. En l'état actuel des choses, je donne la priorité au sport, à la lecture et à l'écriture de ce livre. Une bonne séance de sport échauffement et étirements compris dure 40 minutes.

Je consacre 30 minutes à la lecture pour atteindre l'objectif quotidien de 30 pages. Enfin, j'estime avoir besoin d'une heure pleine pour être suffisamment concentré et rédiger 500 mots. Il me faut 10 minutes pour me réveiller et me préparer et j'ai besoin de deux fois 5 minutes pour switcher d'activités. Mon bloc fonctionnel dure donc 20 minutes. Tout compte fait, j'ai besoin de 2h30 chaque matin pour atteindre mes objectifs du moment. Je dois donc régler mon réveil à 4h30.

Ce que je viens de te décrire est un matin idéal. Je suis bien évidemment mon propre conseil et je l'adapte en fonction des besoins et des circonstances. Par exemple, le week-end et le mercredi, puisque mes enfants n'ont pas école, je peux me permettre de finir mon matin plus tard. Dans ce cas là, je fais une séance de course à pieds plus longue (1 heure) ou je profite d'avoir plus de temps seul pour travailler sur la création de contenu et l'écriture du livre. Au contraire, si, au hasard d'une soirée cinéma en famille ou si la nuit a été mauvaise, il se peut que mon matin soit plus court. Dans ce cas là, il suffit de m'adapter soit en faisant l'impasse sur un objectif (rappelle toi qu'on vit dans la vraie vie, ça arrive et c'est pas grave) soit en y consacrant moins de temps tout en faisant toujours bien attention à ce qu'il soit d'une durée suffisante pour en retirer un bénéfice satisfaisant. Sinon c'est une perte de temps.

C'est là que réside pour moi toute la puissance du matin à blocs. La flexibilité qu'offre le choix du nombre et de la durée des blocs te permet de t'adapter facilement à toutes les situations. Peu importe les contraintes (temporelles, spatiales, matérielles, logistiques, financières, sonores,...) tu peux quand même te créer un matin sur mesure en modulant les activités adaptées. Ça te prend littéralement 2 minutes à le faire dans ta tête la veille au soir.

Supposons que tu sois à l'hôtel, tu peux toujours faire au mieux avec ce que tu as sous la main. Tu peux aller dans le hall de l'hôtel pour lire ou travailler. Tu peux aller courir, utiliser la salle de sport ou juste le parking pour faire une séance de sport sans déranger personne dans ta chambre. Si tu ne peux pas atteindre des objectifs qui nécessitent un outil particulier, tu peux toujours consacrer plus de temps à d'autres objectifs.

Je te l'ai dit: FLE.XI.BI.LI.TÉ.

***

Alors qu'on arrive à la fin de ce chapitre, j'espère que tu auras compris qu'il existe autant de matins possibles qu'il y a d'humains sur Terre. Tout le travail que tu as réalisé jusque là t'a permis de créer un moment dédié à ton développement. C'est à toi de le modeler exactement comme tu veux pour devenir à force de persévérance la personne que tu rêves d'être. Tu as la liberté totale. Tout ce qu'il te suffit de faire est de te réveiller et de passer à l'action.

Dans le prochain chapitre, je te donne les clés pour bondir du lit et ne plus jamais repousser le réveil.

RETIENS SURTOUT ÇA.

- Le matin, tu peux quasiment tout faire alors **ne te bride pas.**

- **Règle d'or numéro 1: crée un matin sur mesure pour toi.**
  C'est le seul moyen de t'assurer de prendre du plaisir et de persévérer.

- **Règle d'or numéro 2: ne cherche pas à te construire une routine matinale.**
  Tu vis dans la vraie vie, avec ses imprévus. Fais preuve de FLEXIBILITÉ pour organiser chaque matin. Faire autrement que ce que tu voulais c'est mieux que de ne rien faire.

- Utilise la méthode du matin à blocs pour les planifier la veille rapidement et avec souplesse.

Réveil Maximal = Bloc fonctionnel + Bloc Objectf 1 + bloc Objectif 2 + bloc Objectif 3 +...

- **Fais en peu mais fais le bien.**
  Ne cherche pas à enchaîner le maximum de choses si c'est pour les survoler.
  Prends le temps nécessaire pour atteindre ton objectif en étant FOCUS!

Marielle

26 ans, responsable qualité et gestionnaire des risques + consultante en organisation et productivité, 6h00 max!
@etsionavancait

Aaah, le réveil matinal et moi... Une histoire d'amour non réciproque. Du moins c'est ce que je croyais sincèrement.

J'ai toujours été une lève "tôt" pour mon entourage. Je n'aime pas trainer au lit des heures à moins d'être malade. Du coup, je me réveille assez facilement avant 7h30, ce qui était déjà très bien pour mon style de vie.

Mais en 2018, j'ai lancé un projet sur internet qui, je ne le savais pas encore, allait prendre une grande part de mon temps en plus de mon travail à temps plein de salariée en statut cadre (oui, oui ce statut sans horaires où tu travailles des heures et des heures). Gagner du temps dans ma journée était donc une priorité. Je ne souhaitais pas négliger les choses que j'estimais importantes pour moi (ma vie de famille, ma spiritualité, ma vie sociale, etc.).

C'est là que j'ai commencé à vraiment m'intéresser au réveil matinal ou du moins au Miracle Morning à l'époque (ça c'était avant de connaitre Xavier). J'ai tout d'abord lu le fameux livre et je t'avoue que ça m'a épaté. J'ai bien aimé le concept de se lever 1h plus tôt pour agrémenter ses matins de plusieurs éléments essentiels dont le développement personnel. J'avais, en plus, vu plusieurs témoignages de personnes dont la vie avait été transformée par la mise en place de cette fameuse routine. Il ne m'en fallait franchement pas plus pour me convaincre. Je me suis donc lancée, avec un plan d'action bien rodé qui préparait au mieux les fameux "S.A.V.E.R.S." (écriture, sport, méditation, affirmations, visualisation, méditation) comme le préconise la méthode citée dans le livre. Honnêtement la bonne élève que je suis avait vraiment bien fait les choses. Je suis passée d'un réveil à 7h à un réveil à 5h. Ça piquait mais je faisais mes S.A.V.E.R.S comme indiqué. Seulement, j'ai vite perdu goût à cette routine. Après 1 à 2 mois avec une irrégularité énorme, j'ai fini par abandonner et je me suis trouvé des excuses géniales : "*De toutes les façons je ne suis pas du matin*", etc.

Quelques mois sont passés ...

Mon projet sur internet a commencé à prendre un peu plus d'ampleur et j'avais envie d'y consacrer encore plus de temps. Et ce que je craignais est arrivé : certaines choses importantes pour moi commençaient à être négligées. Je me levais le matin sur le fil, fatiguée d'avoir beaucoup travaillé la veille. Je me préparais rapidement et je partais bosser. Le soir grâce au peu de discipline que j'avais, je réussissais à me pencher sur mon projet et achever quelques tâches (ça c'était quand la fatigue ne me gagnait pas). J'allais dormir, tard, très tard. Et le lendemain, rebelote.

Ma plus grosse frustration pendant cette période était de ne pas passer assez de temps pour entretenir ma vie spirituelle. Étant croyante, ça représentait une part essentielle et importante de ce qui m'animait au quotidien. Ce rendez-vous ne trouvait plus trop sa place dans ma vie :

le matin ? Trop dans le rush. Le soir ? Trop la flemme. Alors c'était vite fait dans le métro ou le RER ou pendant le petit déjeuner.

Honnêtement je savais que le fait de me lever plus tôt allait m'aider dans cette situation. Alors j'ai tenté de revenir au Miracle Morning.

J'ai abusé de la recherche "morning routine 5 AM" sur Youtube. J'ai lu 40 articles sur se lever tôt. Je regardais des nanas se lever tôt, boire du thé, kiffer leurs matins et tout. Je bavais (oui oui haha). Tout ça me motivait à passer à l'action alors je mettais tous les jours mon alarme à 5h.

Et puis le réveil sonnait et j'avais la flemme.

Le réveil sonnait et je n'avais plus envie.

Le réveil sonnait et ce n'était plus si important.

Le réveil sonnait et je snoozais tout simplement.

Cette situation a bien duré 5-6 mois... La démotivation était si intense que j'ai fini par abandonner l'idée de me lever plus tôt en fait. C'était tellement chaud que je me disais que ce concept ne m'aimait pas.

En 2019, je suis tombée sur le compte de Xavier qui avait une autre vision. C'était un regard nouveau et rafraîchissant sur ce concept. Quand je voyais son feed et ses posts à 4h30 j'étais en mode : *"WAOUHHHH mais quel monstre! Qu'est-ce que j'aimerais y parvenir !"* La flamme se ranimait. Et si cette relation avec le réveil matinal était possible finalement ? C'était l'heure de la réconciliation.

J'ai consommé pas mal de ses contenus et à chaque fois je me prenais des claques. J'ai fini par réaliser 3 choses :

1. **Je n'avais pas encore trouvé mon sens à moi pour le réveil matinal.**
   Se lever tôt c'était bien plus que se lever et faire un enchaînement de 5 choses qui n'ont pas forcément de sens pour moi. J'ai alors

commencé à construire mon réveil matinal sur-mesure, celui que je voulais vraiment. Pas celui d'une meuf sur Youtube ou d'un monsieur qui a écrit un livre. Non. Juste le matin que je voulais. Il ressemblait tout simplement à pouvoir prendre du temps pour : Prier / Méditer dans le calme dans une ambiance cosy et réaliser une tâche importante qui ferait avancer mon projet. C'était ce que je voulais pour commencer et c'était déjà très bien.

2. **La discipline du matin commence la veille.**

La qualité de mon sommeil, l'heure à laquelle j'arrête les écrans, etc. Toutes ces choses sont très importantes. J'ai donc commencé à prendre soin également de ma night routine pour mettre toutes les cartes de mon côté pour le lendemain.

3. **Me réveiller tôt le matin est de MA responsabilité.**

J'ai décidé d'arrêter de me trouver des excuses et de prendre mes responsabilités. Savoir **POURQUOI** je le faisais m'a beaucoup aidé à ce niveau et ce shift dans mon état d'esprit est venu renforcer mon autodiscipline le matin. Si ça pique ce n'est pas grave, c'est de ma responsabilité et c'est ce que je veux alors je me lève.

Depuis le début de l'année 2020, je suis contente de dire que le réveil maximal roule plutôt bien. J'avoue décaler mon réveil le week-end car la veille je dors un peu plus tard mais c'est un choix et pas quelque chose que je subis.

Maintenant grâce au réveil maximal, je commence chaque jour par quelque chose d'important pour moi, j'avance sur mes projets, j'ai toujours l'impression de commencer par une victoire en me réveillant, j'ai l'honneur de voir le soleil se lever, je gagne du temps.

Je gagne tout court.

Marielle + Réveil matinal = ❤

Finalement, il m'aime bien. J'ai bien fait de nous donner une 3ème chance.

11. RÉVEILLE TOI À COUP SÛR EN 5 SECONDES

"On a beau rêver de boissons: quand on a réellement soif, il faut se réveiller pour boire."
Sigmund Freud

T'as beau avoir la voiture la plus performante du monde, si tu ne la sors pas du garage, elle ne bougera pas d'un pouce.

Tu vois où je veux en venir? Tu viens de construire dans le chapitre précédent ton réveil maximal, un outil très puissant pour te propulser vers ta vie MAXIMALE. Seulement, il ne fonctionne que si tu sors du lit.

Dans ce chapitre, je te donne donc tous les conseils que j'estime assez efficaces pour t'assurer de te réveiller chaque matin et avancer sans relâche. Rappelle toi, une Clio qui roule ira toujours plus loin qu'une Lamborghini au garage. Lève-toi et fais de ton mieux.

Ne réfléchis pas.

Pour ce premier conseil, on va faire une petite expérience interactive. Marque cette page, ferme ton livre et regarde à quel niveau tu en es (ou regarde juste ton niveau de progression dans le livre sur ta liseuse). Tu en es aux deux-tiers et, jusque là, je ne t'ai pas donné un seul conseil sur comment te réveiller tôt. Tout ce qu'on a fait fait ensemble c'est un énorme travail de préparation qui, entre autres,

- t'a amené à comprendre qu'il était possible et de ta responsabilité de vivre une vie MAXIMALE,
- t'a révélé les objectifs que tu devais atteindre chaque jour pour y arriver,
- t'a montré comment les articuler dans un matin maximal.

Si je t'ai amené à faire cet énorme travail de préparation c'était dans un seul but: clarifier tes intentions et t'éviter de réfléchir quand ton alarme sonne le matin. À ce moment là, tu ne dois plus être dans la réflexion mais dans L'ACTION.

Terminé les noeuds au cerveau, là tu te bouges le cul!

Si tu mets ton réveil, c'est que tu es convaincu de l'intérêt de te réveiller tôt. Tu le fais en conscience de tout ce que tu as à y gagner. Ne refais pas le débat avec ton cerveau dans le lit, c'est ni le lieu, ni le moment. Tu perdrais à coup sûr. Ne cède pas aux caprices de ce manipulateur qui veut absolument éviter la douleur de la discipline. ACTION!

Si jamais tu échoues plusieurs jours d'affilée, c'est qu'il y a un souci sur le travail préparatoire. Reprends le de A à Z pour bétonner tes raisons de te réveiller.

Connais tes POURQUOI.

Si tu ne dois retenir qu'un seul conseil sur comment te réveiller tôt c'est celui de savoir **POURQUOI** tu le fais. T'as dû remarquer que je l'écris en gras et en majuscules depuis le début, c'est parce que c'est important à ce point là.

Les **POURQUOI** sont tes motivations les plus fortes, celles qui te remuent les tripes rien que d'y penser. Ce sont ces rêves que tu veux atteindre, ces personnes que tu veux rendre fières, ces victoires que tu veux remporter, ces valeurs qui te sont chères, ce but qui va te changer la vie... Bref, tout ce qui te ferait vomir de honte, de désespoir et de dégoût si tu passais à côté. Peu importe ce que c'est, tes **POURQUOI** ne regardent que toi. Tu connais déjà certains d'entre eux. Ce sont ces objectifs à long terme qui découlent de ta vision d'une vie MAXIMALE. Je te conseille d'en trouver d'autres et d'en écrire au moins 5 sur la page dédiée en annexes. Garde le livre ouvert à cette page sur ta table de chevet. Le matin, quand ça sonne, jette toi dessus. Ça va te rappeler en un flash tout ce sur quoi tu craches si tu restes au lit. Ça va te remuer les tripes de savoir que si tu refermes les yeux, tu décides encore une fois d'être médiocre, de passer à côté de ce qui te fait vibrer, de ce que tu brûles d'envie d'avoir donc de passer à côté de ta vie. Si tu ne dois pas écouter ton cerveau, tu DOIS écouter tes tripes. C'est là que ça se passe. C'est là que se trouve cette boule au ventre que tu traînes depuis des années. Laisse les te tirer hors du lit.

N'oublie pas que tu es seul responsable de ta vie. En clair, si tu ne le fais pas, personne ne le fera pour toi. Tu es la seule personne qui peut décider d'en faire un paradis excitant ou un enfer déprimant. Tes **POURQUOI** sont les panneaux qui te guident vers ta vie MAXIMALE. Suis les chaque matin et passe à l'action si tu ne veux pas que ton dernier mot soit "*Dommage*". L'oreiller nourrit les regrets. Fuis le.

Tu pourrais t'arrêter là.

Dans la suite du chapitre, je vais te donner d'autres conseils qui pourront t'aider à poser le pied par terre et démarrer, mais, franchement, tu pourrais t'arrêter là et passer au chapitre suivant.

Les conseils qui viennent après sont pertinents et puissants, aucun doute là dessus, mais j'aimerais insister sur une chose: ils ne sont qu'un support à celui de connaître tes **POURQUOI.** Pour t'imager le truc, sur ta voiture, les **POURQUOI** sont le moteur, les quatre roues et le volant. Les autres conseils sont les gadgets cools mais superflus.

Par retour d'expérience des personnes que j'accompagne, je sais qu'ils fonctionnent tous et que certains marchent mieux que d'autres selon les personnalités. Je te conseille donc de les tester pour voir ce qui t'aide le plus après avoir bétonné tes **POURQUOI.** C'est, de très loin, le plus important. Si tu n'as pas de **POURQUOI** suffisamment forts pour te remuer les tripes, tu réussiras à t'extraire du lit quelques jours d'affilée en te faisant violence mais je te garantis que ça ne durera pas.

Utilise la règle des 5 secondes.

Il y a une technique simple et redoutable pour empêcher ton cerveau de se mêler de ce qui ne le regarde pas et t'empêcher d'agir. Ça consiste à faire un décompte de 5 secondes et de passer à l'action sans réfléchir dès qu'il se termine. C'est une technique que tu peux utiliser pour te tirer du lit ou pour faire tout ce qui ne t'enchante pas forcément même si c'est bon pour toi comme, par exemple, prendre une douche froide, sortir pour aller courir, donner ton idée en réunion, passer un coup de fil important ou aller dormir tôt le soir (on en parle un peu plus loin).

Si la technique fonctionne c'est parce qu'elle hacke le fonctionnement primitif du cerveau. Celui-ci est câblé pour te protéger de tout danger et assurer ta survie. Le souci est qu'il considère souvent tout changement comme un danger. Donc, quand tu tentes quelque chose de nouveau, même si tu sais que c'est bon pour toi, si tu hésites trop, tu vas être bombardé de questionnements, d'inquiétudes, de réflexions qui vont créer des justifications ou des excuses pour ne pas passer à l'action.

La règle des 5 secondes, popularisée par Mel Robbins, consiste à te pousser à agir avant que ça arrive. Lance un décompte de 5 secondes dans ta tête et force toi à te mettre debout sans attendre un dixième de seconde de plus quand tu arrives à zéro. Si tu ne le fais pas à ce moment là, ton cerveau gagne. Tu laisses donc passer l'opportunité et tu perds ton matin. Pour réussir à coup sûr, tu peux combiner deux techniques et focaliser ton attention pendant le décompte sur tes **POURQUOI.** Non seulement, ça t'empêche de développer des peurs infondées et des excuses bidons mais ça te donne un sacré coup de boost pour t'éjecter du lit.

Mets-toi la pression sociale.

Parmi les techniques accessoires, je pense que celle-ci est la plus puissante. Elle est pourtant très simple. Elle consiste à t'engager officiellement à respecter ton réveil maximal pendant un certain temps auprès de tes amis, de ta famille ou de toute personne qui compte à tes yeux et que tu ne veux surtout pas décevoir.

N'oublie pas qu'on a évolué en suivant un modèle communautaire. On est donc attachés à l'avis des autres. Il exerce une forte influence. C'est ce qui fait que, par exemple, tu ressens un gros stress à l'idée de parler devant un public ou faire part de tes idées devant des inconnus.

Quand tu t'engages auprès d'un groupe, tu fais jouer ce biais à ton avantage. Quand tu hésites à sortir du lit, ton engagement se rappelle vite à toi pour t'éjecter du lit et t'éviter l'humiliation d'un échec en public. Violent, mais ça marche.

Il y a une seconde raison qui fait que ça marche. Elle est liée au fait que tu as été conditionné à rendre des comptes toute ta vie. De l'enfance à tes parents ou tes professeurs jusqu'à aujourd'hui à ton partenaire, ton boss, tes collègues, l'administration, etc. Du coup, aussi bizarre que ça puisse paraître, je pense que le fait de t'engager à quelque chose de rassurant pour toi. Tu sais que tu n'es pas seul dans l'histoire. Tu sais que quelqu'un te chapeaute et est prêt à te remettre sur le droit chemin.

Explique bien ta démarche aux personnes auprès de qui tu t'engages. Il est très important qu'elles comprennent pourquoi tu décides de chambouler ton mode de vie en te réveillant plus tôt. Elles doivent comprendre que tu y as longuement réfléchi et que tu ne te lances pas sur un coup de tête. Si t'es à l'aise avec ça, tu peux leur parler de ta vie MAXIMALE et de ta feuille de route histoire de leur prouver que tu sais exactement où tu vas. Tu verras qu'au fur et à mesure de la discussion et de tes explications, leurs inévitables rictus moqueurs laisseront place à une mine impressionnée et attentive. L'autre avantage à leur expliquer ta démarche est que ces personnes pourront te rappeler quand ce sera dur **POURQUOI** tu t'es lancé dans l'aventure. Elles seront un support de taille, bienvenu quand tu commenceras à douter et à être démotivé (quoi? T'avais déjà oublié que la motivation allait se faire la malle?).

La version plus poussée de cette technique consiste à trouver un partenaire qui va s'engager avec toi dans un réveil maximal. En fait, tu embarques sur le même bateau avec quelqu'un. Et plus il y a de monde sur ce bateau, mieux c'est. Ça fait autant de personnes avec qui partager ton expérience, auprès de qui trouver du soutien et à qui demander des conseils pour optimiser tes matins. Tu sais ce qu'on dit: "*seul on va plus vite, ensemble on va plus loin*".

Dans mes accompagnements, je table à fond sur cette technique (après les **POURQUOI** bien sûr). Je deviens automatiquement le partenaire de responsabilisation de mes abonnés en leur demandant de me prouver qu'ils se réveillent à l'heure chaque matin. Aussi, j'intègre tous ceux qui se lancent dans un groupe privé afin qu'on puisse tous se soutenir mutuellement. Quand je recueille leurs témoignages au bout de quelques semaines, ces personnes m'assurent toutes de l'efficacité de cette méthode.

Pense à ce que tu vas perdre.

Je te propose encore de hacker ton cerveau en utilisant un biais cognitif puissant: l'aversion à la perte. C'est le fait que tu es deux fois plus affecté psychologiquement par une perte qu'un gain. Oui, deux fois plus.

Tu as construit une feuille de route blindée d'objectifs bénéfiques et excitants que tu peux remplir, pour la plupart, le matin. Si tu as du mal à te réveiller, remémore toi tout ce que tu avais prévu et passe en revue tout ce que tu vas louper en restant au lit.

Quand je te demande de te rappeler tes **POURQUOI**, c'est pour te remémorer ce que tu loupes sur le long terme. Là, c'est différent, je te demande vraiment de penser à tous ces trucs sympa que tu avais prévu de faire en gagnant du temps le matin. Est ce que t'as vraiment envie de louper ça? Pour moi, par exemple, il est impensable que je rate le jour qui s'éveille, le lever de soleil et ce moment où je suis seul au calme pour faire tout ce que je veux sans déranger personne.

Évalue ton manque à gagner à dormir et rappelle toi que tu ne pourras jamais le rattraper parce que comme l'a écrit Takuan Soho: *"Ce jour ne reviendra plus. Chaque jour est un joyau sans prix."*

Deviens ton Père-Noël.

Tu te rappelles des Noël de quand tu étais petit? Tu avais du mal à dormir tellement t'étais pressé d'être au lendemain. Et quand la nuit était enfin passée, tu bondissais du lit beaucoup plus tôt que d'habitude pour ouvrir tes cadeaux. L'anticipation du lendemain jouait beaucoup sur ta nuit et ton réveil. Et c'est toujours le cas dans ta vie d'adulte. À la veille d'un voyage, t'es aussi excité et tu n'as aucun souci à te réveiller tôt pour aller à l'aéroport. À l'opposé, en période d'examens, par exemple, tu as du mal à t'endormir et tu n'as aucune envie d'y aller quand ça sonne le matin.

Du coup, si tu fais en sorte de transformer chaque matin en matin de Noël, tu n'auras aucun mal à te réveiller. Pour faire ce tour de passe-passe, il faut que ton matin maximal soit vraiment taillé sur-mesure et donne très envie. Quand tu prends un shot de plaisir et d'excitation chaque matin, crois moi, le réveil n'est qu'une formalité. Tu t'endors chaque soir en ayant hâte d'être au lendemain et ta vie devient une succession de jours passionnants où l'ennui est un concept dont tu as vaguement souvenir.

Prévois une récompense.

La carotte! C'est un truc vieux comme le monde. Si c'est aussi vieux, c'est que ça marche. Cette technique consiste à satisfaire ton besoin de gratification immédiate de temps à autre pour reconnaître tes efforts. Prévois une récompense qui te fasse plaisir tout en faisant attention à ce que ça reste modéré. Elle ne doit pas être contre-productive et mettre en péril l'avancée vers tes objectifs à long terme de par sa nature, sa durée, sa fréquence ou sa taille. Ne tombe pas dans le piège de la récompense qui amorce un retour aux mauvaises habitudes.
Par exemple, si ton objectif ultime est de lancer ta boîte et que tu as réussi à être hyper productif 10 jours de suite chaque matin, tu peux t'accorder un matin "off" ou plus orienté détente. C'est raisonnable. 1 matin sur 2 aurait été trop fréquent. Si ton objectif ultime est de perdre 10 kilos, n'avale pas 3 croissants après chaque séance de sport. C'est beaucoup trop.

Fais toi plaisir mais fais le bien.

La discipline du matin commence par celle du soir.

Les mécanismes du sommeil, dont je te parle en détail dans la dernière partie du livre, vont petit à petit décaler l'heure à laquelle tu te sens fatigué le soir. Te coucher tôt est une nécessité qui va s'imposer d'elle-même au bout de quelques jours seulement. Mon conseil est de ne surtout pas résister à l'appel du sommeil et d'écouter ton corps. Si tu ne vas pas au lit quand passe le train du sommeil, tu dois attendre le prochain qui passe 90 minutes plus tard environ. C'est autant de sommeil perdu et les effets néfastes qui vont avec.

Ton réveil se joue dès la soirée qui le précède. Tu ne peux pas espérer te réveiller tôt tous les jours si tu ne portes pas une grande attention à ton sommeil. Ça demande autant, voire plus, de discipline que de se lever le matin et je le répète sans arrêt dans mon contenu:

LA DISCIPLINE DU MATIN COMMENCE PAR CELLE DU SOIR.

Quand tu te lances dans le réveil maximal c'est, de loin, la plus grosse difficulté que tu rencontres.

Si c'est aussi dur à faire c'est parce les mauvaises habitudes sont tenaces. Le soir, tu aimes profiter de tes petites rituels réconfortants après ta journée fatigante. C'est bien normal. Du coup, tu as l'impression qu'en allant dormir tôt, tu perds cette occasion de te détendre et que tu rates quelque chose. La vérité c'est que c'est encore une fois ton cerveau qui te joue un tour. Il veut que tu reproduises des comportements qu'il connaît déjà parce qu'ils sont littéralement gravés comme chemins neuronaux et qu'ils activent de puissants mécanismes de récompense. Le pire c'est que lui-même subit une forte influence de contenus excitants et manipulateurs des écrans. Tu es super désavantagé dans le combat mais je te donne juste après des conseils qui devraient t'assurer la victoire.

Détends toi mieux - Si tu veux te détendre après ta journée, fais le bien. Consacre-y un moment en pleine conscience pour en tirer les bénéfices maximum. Isole toi du mieux que tu peux et fais cet exercice de respiration carrée:

- inspire profondément par le nez pendant 4 secondes,
- bloque ta respiration pendant 6 secondes,

- expire lentement par la bouche jusqu'à vider complètement tes poumons,
- bloque à nouveau pendant 6 secondes,
- recommence le cycle.

Essaie de ramener constamment tes pensées vers ta respiration. Tu peux écouter une musique que tu aimes pour rendre ce moment plus agréable. Tu te rendras beaucoup plus service avec ces 5 minutes de respiration consciente qu'avec 2 heures de scroll automatique sur les réseaux.

Active tes POURQUOI **-** Ils marchent aussi bien pour aller dormir que pour te réveiller. Rappelle toi toutes les raisons fortes qui t'ont poussé à reprendre ta vie en mains. Ne gâche pas tout pour une série de vidéos débiles sur Internet ou pour voir un mec foutre des nouilles dans le slip d'un autre à la télé.

Dis toi que tu ne rates rien **-** Rassure toi en te disant que tu ne rates rien d'important sur tes réseaux ou les écrans. Tu peux toujours rattraper ton "retard" plus tard en ayant le contrôle et une meilleure conscience de ton temps. Tu peux toujours répondre à tes messages plus tard. Il n'y a pas urgence. S'il y'en a, on arrivera à te contacter, crois-moi. Coupe les écrans au moins une demi-heure avant l'heure du coucher et profite en pour lire ou consacrer le peu de temps qu'il te reste le soir à tes proches. Rappelle toi que ce que tu "perds" en allant au lit sera largement rattrapé par ce que tu vas gagner le matin. Ce n'est pas du temps perdu. Bien au contraire. Tu gardes le même temps d'éveil mais tu l'optimises pour devenir une meilleure personne pour toi et ceux qui comptent. T'es gagnant sur toute la ligne.

Utilise la règle des 5 secondes - Dès que tu sens que ton cerveau essaie de te la faire à l'envers et te maintenir éveillé, tu dois avoir le réflexe de le hacker. Ne l'écoute pas. Ne négocie pas. Lance ton décompte et va au lit.

Reste engagé - Pense à l'engagement de devenir meilleur que tu as pris envers toi-même et, éventuellement, tes partenaires de réveil maximal. Ne te donne pas l'occasion de vous décevoir.

Carotte et bâton - Rappelle toi que demain matin, comme chaque matin, c'est Noël pour toi. Imagine la douleur que tu vas ressentir si tu loupes cette opportunité de grandir en te faisant plaisir juste parce que tu n'auras pas eu la discipline d'aller au lit. Est ce que ça vaut vraiment le coup? Aussi, dis toi que si tu arrives à te coucher tôt plusieurs soirs de suite, tu t'accorderas une soirée longue pour traîner.

Il est d'une importance capitale que tu ailles au lit au bon moment. C'est une des clés pour persévérer et donc réussir.

Eloigne ton réveil si et seulement si...

Je pense que la technique la plus connue et la plus conseillée sur Internet pour se réveiller à coup sûr est d'éloigner son réveil.

Je la trouve vraiment moyenne et si je te conseille de l'utiliser c'est sous conditions parce que pour moi elle présente 2 problèmes principaux.

Le premier est que c'est égoïste de ta part. Mais cette fois-ci de la mauvaise façon. Par définition, l'alarme est faîte pour te sortir violemment du sommeil. Si tu l'éloignes de ton lit, tu prends le risque qu'elle sonne plus longtemps et donc qu'elle réveille tout le monde. Ça peut être une pression supplémentaire pour te tirer du lit, mais, en gros, tu décides d'imposer tes choix à tous ceux qui vivent avec toi. Moyen, non?

D'ailleurs, qu'est ce qui te dit que tu vas te lever pour l'éteindre cette alarme? Si tu n'as pas fait cet important travail intérieur de remise en question, de recherche de tes **POURQUOI** et d'établissements d'objectifs pertinents, tu crois vraiment avoir ce qu'il faut pour sortir du lit? Si tu vis seul, c'est une catastrophe, parce que tu n'as même pas la pression de devoir l'éteindre par respect pour les autres. Tout ce que tu obtiens au final c'est un rab de sommeil de mauvaise qualité entrecoupé d'une sonnerie désagréable toutes les 5 minutes. Rends toi service et prends une décision ferme: trouve tes **POURQUOI** et utilise les ou supprime l'alarme et reste au lit.

Maintenant, supposons que tu réussisses à sortir du lit après un effort monstrueux parce que t'en avais vraiment trop marre d'entendre cette putain d'alarme. Qu'est ce qui te retient d'y retourner? Si tu n'as pas planifié ton matin ou si tu n'as pas d'objectifs sur lesquels focaliser ta discipline, qu'est ce qui va te pousser dans la direction opposée au lit?

Finalement, je dirais que cette technique, étant une contrainte physique extérieure, est un bon moyen de te botter les fesses hors du lit mais que tu dois l'utiliser UNIQUEMENT en complément de tes **POURQUOI** et si tu es sûr de pouvoir l'éteindre assez rapidement pour ne pas détruire le sommeil des autres.

Asperge toi.

Une fois que t'es debout, passe par la salle de bain pour t'asperger le visage d'eau fraîche. Le choc thermique n'est peut-être pas la chose la plus agréable à vivre mais il fait son job. Il finit de te réveiller complètement. Profite en pour te servir deux grands verres d'eau parce qu'après une nuit à dormir, ton corps a besoin de se réhydrater pour fonctionner à son plein potentiel.

***

Si tu suis les conseils que je t'ai donnés dans ce chapitre, te réveiller tôt va petit à petit devenir moins insurmontable. Je ne vais pas te mentir: je ne pense pas que ça deviendra facile un jour. Seulement, en te réveillant tôt chaque jour, tu vas créer une habitude qui va te permettre de mieux caler ton rythme et d'encaisser plus facilement la difficulté au quotidien.

Je t'en parle plus en détail dans le chapitre suivant.

RETIENS SURTOUT ÇA.

- Quand l'alarme sonne, **NE RÉFLÉCHIS PAS, NE NÉGOCIE PAS** avec ton cerveau.
Si tu as réglé ton alarme c'est parce que tu avais de bonnes raisons. **DEBOUT**!

- Ce qui va te tirer du lit sont tes **POURQUOI. Trouve et écris 5 motivations assez fortes pour te remuer les tripes**. Place les en évidence sur ta table de chevet. Le matin, jette toi dessus.

- Toutes les autres techniques sont **accessoires**.

- Si tu veux t'engager auprès d'une communauté pour te lancer, **relève mon challenge RMVM sur xavierclain.com**

- **La discipline du matin continue celle de la veille au soir.**
Quand c'est l'heure de dormir, mobilise sans concession ton autodiscipline et **VA DORMIR.**

Anthony

38 ans, parfumeur, 5h00.
@maisonanthonymarmin

Le temps est notre ressource la plus précieuse. Comprendre ça, c'est comprendre le besoin de l'optimiser, en se levant tôt. Le plus important est d'avoir un but, un **POURQUOI** qui va te faire te lever le matin.

Se lever avant les autres offre une sensation de victoire. Le calme matinal est propice à la spiritualité, à l'organisation de la journée, ainsi qu'à la lecture. Ce moment est excellent pour réaliser un projet: écrire un livre, apprendre une langue ou une faculté. Une activité physique de bon matin donne la forme pour la journée.

Tu peux suivre une routine stricte si c'est ce qui te fait plaisir, j'en étais adepte pendant longtemps. Puis, en suivant Xavier, que j'ai connu grâce à notre passion commune pour le réveil matinal, je me suis rendu compte que, comme il le dit si bien, chaque matin peut s'adapter aux besoins du moment.

En tant que parfumeur, entrepreneur, et père de famille, je commence le matin par analyser ce qui m'attend: rendez-vous familiaux, messages de la production, nombre de commandes, etc. Je passe tout cela brièvement en revue afin de déterminer le cap de la journée.

Puis, libéré de cette charge mentale, je me concentre sur les besoins et envies du moment entre spiritualité, lecture, sport et aussi réflexion. Le but est de m'accorder du temps de qualité, ressource tellement rare de nos jours, pour des activités qui me font avancer vers ce à quoi j'aspire.

12. PRENDS L'HABITUDE DE GAGNER TOUS LES JOURS

"L'habitude nous fait comme une seconde nature"
Cicéron

Quoi de plus efficace pour s'assurer de faire quelque chose tous les jours que d'en faire une habitude? Mais sais-tu vraiment ce que c'est et comment t'y prendre?

Dans ce chapitre, on va se pencher ensemble sur les rouages de l'habitude et voir comment on peut l'exploiter à fond dans le cadre du réveil maximal.

L'habitude, une nécessité vitale.

Une habitude est une action déclenchée automatiquement en réponse à des contextes environnementaux. Par exemple, mettre ta ceinture quand tu t'assois dans la voiture, te brosser les dents après les repas, poser tes clés à un endroit précis quand tu arrives chez toi, etc. Ce qui est très fort c'est que ça se fait automatiquement. L'action se déclenche quand les conditions sont réunies sans même que tu aies besoin d'une motivation autre ou que tu en sois conscient. Par exemple, tu ne réfléchis plus à comment lacer tes chaussures, quelle jambe tu enfiles en premier dans le pantalon, comment tu vas prendre ce rond-point à côté de chez toi, le nombre de sucres dans ton café, les questions que tu vas poser à ton enfant après l'école, etc.

Et, quand tu y réfléchis, heureusement que ça se passe comme ça. Imagine l'enfer si tu devais tous les jours, refaire ces centaines, ces milliers de petits choix du quotidien. Tu serais complètement KO au bout de quelques heures parce que, rappelle toi, prendre une décision est une action qui draine ton énergie. Prendre des habitudes, c'est une sorte de mécanisme de survie de ton corps acquis au fil de l'évolution. Ton cerveau, qui est très paresseux, met en place une routine dès qu'il le peut pour le dispenser de faire l'effort de réfléchir 107 fois à la même chose. Ainsi, on estime que 45% de nos actions se réalisent de façon automatique[11]. C'est un mécanisme qui libère des ressources précieuses pour prendre des décisions plus importantes.

C'est très puissant. Tellement puissant que si tu comprends comment fonctionnent les habitudes, tu peux l'exploiter à fond pour dicter le comportement humain, donc, le tien. Par exemple, c'est en ajoutant un parfum aux dentifrices et en donnant aux gens l'habitude d'avoir une bouche fraîche à la fin du brossage que Claude Hopkins a fait exploser la vente de dentifrice aux Etats-Unis au début du 20° siècle. Avant lui, tous les messages de prévention de santé bucco-dentaire avaient échoué. Tu savais que les fast-food diffusaient des odeurs artificielles de cuisson, de grillé et de gras? En changeant leur environnement proche, ils espèrent eux aussi jouer sur le mécanisme des habitudes. Ils cherchent à déclencher une action automatique de ta part (manger) alors même que la motivation initiale est absente (avoir faim).

---

11 Wood, W., Quinn, J. M., & Kashy, D. A. (2002). Habits in everyday life: Thought, emotion, and action. Journal of Personality and Social Psychology, 83(6), 1281–1297. https://doi.org/10.1037/0022-3514.83.6.1281

Anatomie d'une habitude.

Pour bien comprendre pourquoi ça marche, il faut revenir à la décomposition d'une habitude en 3 éléments donnée par Charles Duhigg dans son livre *"le pouvoir des habitudes":* le déclencheur, la routine et la récompense.

Le déclencheur c'est l'élément extérieur qui va déclencher l'action de l'habitude. Ça peut être un moment de la journée, un endroit, une émotion, une odeur, peu importe. La routine c'est l'action automatique que tu mènes pour obtenir la récompense. Et la récompense, c'est la satisfaction que recherche ton cerveau en te poussant à agir automatiquement dès qu'il a détecté le déclencheur. Attention, cette récompense n'est pas toujours aussi évidente qu'il n'y paraît. Tu peux avoir une habitude sans trop savoir pourquoi. Par exemple, quand tu te jettes sur ton téléphone dès que tu reçois une notification, la récompense semble évidente: tu veux savoir ce qu'il se passe de nouveau dans ton réseau. Or, si tu creuses un peu, tu comprends que tu cherches surtout à te distraire de ce que tu es en train de faire parce que ça t'ennuie ou te demande des efforts. Si tu résistais à l'envie de prendre ton téléphone, tu obtiendrais la récompense de l'accomplissement qui est supérieure et qui t'aiderait à remplacer une habitude néfaste en une autre plus bénéfique.

La récompense est la clé du mécanisme d'habitude. Si tu l'identifies clairement et qu'elle te plaît, tu fais de ton cerveau un allié qui va tout faire pour aller la chercher.

Dans le cas du réveil maximal qui nous intéresse, si

- tu sais **POURQUOI** tu veux te réveiller tôt ,
- tu planifies un matin bourré de choses qui te font envie,
- tu définis des objectifs précis qui te rendent fier quand tu les atteins chaque jour,

- tu prends plaisir à vivre chaque réveil maximal,
- tu te sens accompli chaque jour après avoir fait un pas de plus vers ta réussite,

tu actives à fond ce mécanisme en envoyant un maximum de messages de récompenses à ton cerveau. Cela va contribuer à l'encourager à installer l'habitude de te lever dès que le réveil sonne.

Se creuser la tête.

C'est la répétition d'une action dans un contexte donné qui permet l'apprentissage par association et plus tard son exécution automatique quand les conditions sont réunies.

En effet, quand tu répètes une action sur une période assez longue, tes neurones créent et renforcent petit à petit de nouvelles connexions. Se dessinent alors dans ta tête des chemins neuronaux comme se dessinent dans la forêt les sentiers au fur et à mesure du passage des promeneurs. Plus il y a de passage, plus le chemin est dégagé et net, plus ton cerveau le privilégie. C'est à ce stade que ton action devient habituelle. Elle a littéralement creusé un trou dans ton cerveau et est devenu une seconde nature.

Ce procédé de création se décompose en 3 phases. La première est une phase d'initiation où tu décides consciemment de l'action à mener et du contexte: me réveiller dès que l'alarme sonne. Vient ensuite une phase d'apprentissage pendant laquelle le fait de répéter l'action dans ce contexte précis associe les deux. Enfin, arrive la phase de stabilisation où l'habitude persiste par une pratique qui demande de moins en moins d'effort ou de délibération. Plus tu le fais et moins c'est difficile. Ouf!

Il est absolument crucial que tu tiennes le coup dans la phase d'apprentissage. C'est vrai pour toutes les habitudes mais encore plus pour celle de se lever et de se coucher tôt tellement ça va te demander de bouleverser tes habitudes installées et de faire des efforts. Si il y a une période où tu dois TOUT donner, c'est précisément là. Il faut que tu actives sans compromis toute ta force mentale et ton autodiscipline pour persévérer et creuser le chemin neuronal. C'est seulement à ce prix que tu pourras atteindre le dernier stade et te réveiller tôt naturellement.

Tenir dans le temps.

J'aurais aimé mieux te préparer et te dire exactement combien de temps ça va te prendre d'installer cette habitude. J'aurais aimé mais je ne peux pas, parce que je ne sais pas. Tout simplement. Tout ce que je peux faire est te donner une recommandation. Voyons ça ensemble.

Il existe une croyance répandue et assez tenace qu'il suffit de 21 jours pour créer une habitude. Sympa non? Oui, mais c'est faux. C'est un mythe qui prend son origine dans un passage du livre "Psycho-Cybernetics" écrit par Maxwell Maltz en 1960. Dans cet ouvrage, l'auteur, un chirurgien esthétique, estime qu'il *"faut environ 21 jours pour que le patient s'habitue à son nouveau visage"*, tout comme il faut à peu près 3 semaines *"avant qu'on ne commence à se sentir à la maison"* après avoir déménagé. Il en a alors conclu qu'il faut environ 21 jours *"pour qu'une ancienne image mentale se dissipe et qu'une nouvelle prenne forme."* Ce mythe est très résistant et a sacralisé la durée de 21 jours pour encourager toute personne à adopter une nouvelle habitude. Seulement, une étude[12] de l'University College of London parue en 2010 montre que la durée minimale nécessaire pour installer une habitude varie entre 18 et 254 jours et que ça dépend principalement de deux facteurs. Le premier est la capacité de la personne à se discipliner à réaliser l'action.

12 Lally, P., van Jaarsveld, C.H.M., Potts, H.W.W. and Wardle, J. (2010), How are habits formed: Modelling habit formation in the real world. Eur. J. Soc. Psychol., 40: 998-1009. doi:10.1002/ejsp.674

Évidemment, plus elle est disciplinée, plus elle répète l'action, plus l'habitude s'installe rapidement. Le second est la complexité de la tâche en elle-même. Par exemple, il sera plus facile de prendre l'habitude de boire un verre d'eau au réveil que de courir 20 minutes avant le dîner. L'étude précise également que rater une occurrence de l'action n'est pas préjudiciable quand l'habitude est installée. Par contre, ça peut s'avérer dangereux pendant la phase d'apprentissage. À ce moment là, quand l'habitude est encore fragile et que les chemins neuronaux ne sont pas encore bien tracés, louper une fois l'action revient à poser le pied sur une pente glissante qui mène rapidement vers l'oubli ou l'abandon.

Dans ces conditions, le mythe des 21 jours est carrément dangereux. Si tu te conditionnes à tenir 21 jours pour espérer installer une habitude, tu auras tendance (consciemment ou pas) à te relâcher au 22ème. Or d'après ce que tu viens de lire, tu sais maintenant que 22 jours c'est à peine suffisant pour installer une habitude simple chez une personne disciplinée. Autant te dire qu'on est TRÈS loin du compte s'il s'agit d'adopter une habitude qui demande un gros investissement. Dans ce cas là, se relâcher au bout de 22 jours est synonyme d'échec définitif. Enfin, d'après cette même étude, le temps moyen pour qu'une habitude atteigne son plateau de stabilité est de 66 jours. C'est une moyenne que je t'invite au moins à doubler pour le réveil maximal qui te demande des efforts physiques et psychiques monstrueux. Donc, si tu veux que ça devienne une habitude, engage toi au moins sur une période de 132 jours soit environ 4 mois et demi.

Échec inévitable.

Est ce que tu vas connaître des échecs pendant ce laps de temps? La réponse est oui. À 100%. Je le sais parce que j'accompagne au quotidien des dizaines de personnes dans une démarche de réveil maximal sur 28 jours. Et déjà, sur cette période, très rares sont les personnes qui ne loupent pas un matin. Ça peut arriver pour plein de raisons différentes: une sortie la veille, des difficultés à prendre le rythme au début, des **POURQUOI** mal définis, un manque de discipline sur le coucher, etc.

Je n'essaie pas de te décourager avec cette statistique, bien au contraire. Je veux que tu l'intègres pour t'y préparer au mieux. Il est primordial que tu comprennes que l'échec fait partie de toute réussite. Ça se saurait si tout marchait du premier coup. Quelles que soient les circonstances, quand tu vis un raté, ne te laisse surtout pas te décourager. Vois le plutôt comme une opportunité d'apprendre et de t'améliorer. Si tu n'arrives pas à te réveiller un matin, ne considère pas que c'est foutu. Ça ne remet pas en cause tout ce que tu as déjà réussi. Accepte la situation pour te déculpabiliser. Analyse-la pour comprendre ce qui t'a empêché de sortir du lit et prends les dispositions nécessaires pour que ça n'arrive plus. Le plus important est que tu restes engagé mentalement dans une démarche globale de progression qui te pousse à passer au delà de ce petit accroc. En résumé, si tu tombes, relève toi immédiatement. C'est avec cet état d'esprit conquérant que tu pourras installer durablement l'habitude et faire du réveil maximal un mode de vie.

Le mode de vie Réveil matinal, vie MAXIMALE.

C'est un mode de vie où tu définis tes journées autour de l'habitude de te réveiller tôt pour vivre un réveil maximal chaque matin, 365 jours par an. Week-end, jours fériés et vacances compris. Si je t'encourage à faire une telle chose c'est pour les raisons suivantes:

Installer un rythme régulier - En respectant une heure de coucher et de réveil chaque jour, tu aides ton horloge biologique à te caler sur un rythme précis. D'une part, ça facilite ton coucher et ton réveil via une meilleure régulation hormonale mais surtout ça te permet d'être discipliné sur ton sommeil toute l'année et de sortir de ce piège qui est de croire que tu peux rattraper ton manque d'autodiscipline en faisant des grasses matinées. De fait, tu contribues à avoir un niveau d'énergie constant, beaucoup plus élevé au quotidien.

Diminuer ton nombre de choix - Faire des choix te demande des efforts. Beaucoup plus que tu ne l'imagines. Si tu décides de te réveiller et de te coucher tous les jours à la même heure, ça te fait une décision de moins à prendre chaque jour. Et cette décision, dans les circonstances particulières qui influent ton mécanisme de choix en soirée, est d'un intérêt stratégique majeur.

Ça peut te sembler minime sur le papier mais, crois-moi, réduire le nombre de décisions que tu as à prendre dans la journée est un gain de temps et d'énergie conséquent donc un gros facteur de croissance. D'ailleurs, je t'invite à le faire dès que tu peux pour te permettre de concentrer tes ressources sur ce qui est vraiment important pour ta réussite. Par exemple, en plus de mon rythme de sommeil, j'ai décidé d'automatiser également le choix de ma tenue vestimentaire (je porte un pantalon marron et un haut noir) ou de mon dessert au déjeuner (20g de chocolat noir 70% minimum). Résultat, je ne passe pas 10 minutes à essayer d'accorder des vêtements puisque ce sont tous les mêmes tout comme je ne me torture plus l'esprit devant la carte des desserts au restaurant ou à la cantine. Le choix est fait en amont. Ce genre d'automatismes favorisent au quotidien ta vie MAXIMALE tout en te faisant gagner du temps et de l'énergie. C'est tout bénef! Bien sûr, il faut conserver une certaine souplesse d'esprit et rien n'empêche que tu fasses une exception de temps en temps. C'est la vie.

Exploiter la puissance de l'engagement - Quand tu décides d'adopter un mode de vie matinal, tu fais un acte d'engagement c'est à dire que tu fais en sorte d'être la seule personne responsable de ta décision et que tu t'y tiens sans contrainte extérieure. C'est l'un des meilleurs services que tu puisses te rendre parce que ça a deux conséquences super puissantes.

D'abord, si tu t'engages dans une conduite, celle-ci tend à se stabiliser ou se renforcer au cours du temps. En gros, ton engagement ancre l'habitude donc le mode de vie. C'est la conséquence du principe universel de cohérence qui nous pousse tous à aller jusqu'au bout quand on a pris une décision.

Puis, le fait de s'engager dans une conduite particulière tend à faciliter l'émission de nouvelles conduites allant dans le même sens. Quand tu fais l'effort de te lever tôt c'est dans le but d'améliorer ta vie. Une fois debout, tous les objectifs qui s'alignent avec ce but te semblent donc plus faciles à atteindre. C'est ainsi que tu actives le cercle vertueux qui t'apporte des résultats massifs dès le réveil chaque jour. Ce qui se cache derrière ce phénomène est la technique du pied-dans-la-porte: un premier acte réalisé librement rend favorable l'émission d'actes plus coûteux qui s'inscrivent dans sa continuité. Si quelqu'un vient te demander 1€ de but en blanc dans la rue, il y a de grandes chances que tu ne lui donnes pas. Par contre, si cette personne commence par te demander l'heure avant de te demander 1€, il a 2 fois plus de chances que tu accèdes à sa requête. C'est la même chose pour le réveil maximal. Si je t'avais demandé de te réveiller tôt pour lire 30 minutes sans aucune préparation il y a quelques jours, tu m'aurais sûrement envoyé balader. Par contre, maintenant que tu t'es engagé à lire ce livre jusqu'ici, à préparer ton réveil et régler ton alarme en sachant **POURQUOI** te réveiller, ça va te sembler beaucoup plus naturel de passer à l'action et d'atteindre des objectifs qui te semblaient insurmontables jusqu'ici.
En renouvelant chaque jour ton engagement envers le réveil maximal,

tu entretiens ces mécanismes puissants qui finissent par définir un mode de vie tourné vers ta réussite.

Posséder l'arme ultime anti-frustration - On est jamais contents. C'est un fait qui a un petit nom: l'adaptation hédonique. On revient toujours à un niveau de bonheur stable malgré les événements positifs ou négatifs ou les changements importants dans nos vies. Si ton salaire doublait demain, tu t'habituerais rapidement à la situation en adaptant ton niveau de vie, tu retrouverais rapidement un niveau de bonheur équivalent à celui d'avant l'augmentation et tu serais à nouveau frustré en quête d'un bonheur plus grand.

Du coup, quitte à être condamné à courir sur le tapis roulant de l'insatisfaction, autant la canaliser grâce au réveil maximal. En prenant du recul et en te questionnant sur ce que tu veux vraiment, au moins, chaque jour, tu sais que tes désirs et tes efforts sont dirigés vers des objectifs et des accomplissements profonds de sens qui vont petit à petit te faire grandir. En gros avec le réveil maximal, tu transformes un biais cognitif en atout majeur de progression. En lieu et place de la frustration de ne pas posséder le dernier smartphone révolutionnaire, tu ressens plutôt une excitation quotidienne à chasser des objectifs de réussite personnelle croissants qui te portent vers ta vie MAXIMALE. Tu sais que tu ne l'atteindrais jamais mais tu t'en fiches parce que toi tu t'amuses dans le processus et tu gagnes chaque jour.

Récolter les cadeaux du matin - Barcelone, le 4 janvier 2019, 6h18. Je suis en vacances et je fais un petit footing pour découvrir la ville au petit matin quand j'aperçois au loin un mec qui court. Je lui fais signe de me rejoindre parce que je suis persuadé qu'on a des choses à se dire. Si tu cours dans le froid et la nuit quand 97% des gens dorment, c'est que tu as quelque part l'esprit RMVM. Tu peux être sûr que je vais chercher à en savoir plus. Il me rejoint donc et je découvre que c'est un italien en vacances qui ne parle pas un mot d'anglais ou d'espagnol. Et moi je ne parle pas italien. Du coup, on passe une bonne demi heure à courir ensemble et à se tordre de rire en essayant de se comprendre avec des gestes bizarres. Je me sens encore suffoquer tellement on a rigolé lui et moi. C'était vraiment un moment magique que de faire cette belle rencontre au lever du jour dans une ville que je ne connais pas. Sans aucun doute, l'un de mes plus beaux souvenirs.

Le genre de souvenirs que tu ne peux avoir que grâce au matin. Je serais passé complètement à côté si j'étais resté dormir à l'hôtel. Tout comme je serais passé à côté de 4 levers de soleil magnifiques. Toute personne qui a visité Barcelone pourra te parler du marché de la Boqueria ou du musée Pablo Picasso mais combien pourront te décrire la vue imprenable sur le port au lever du soleil depuis la colline du Montjuic? Ce genre d'expérience PREMIUM est réservée non pas à ceux qui ont la plus grosse carte bleue mais bien aux valeureux qui décident d'aller les vivre. Elles font partie de ce que j'appelle les cadeaux du matin. Et quand tu te lèves tôt 365 jours par an, tu provoques 365 opportunités de les récolter. Certes, tu n'en as pas tous les jours mais quand ça tombe, c'est magique. Et inoubliable.

En vacances, c'est quasi-automatique puisque tu te fais le cadeau de vivre deux journées en une dans un endroit que tu veux explorer. Tu accèdes à des expériences et des rencontres incroyables. Tout ça sans payer un centime de plus et juste en suivant ton mode de vie. Sympa, non?

Gaffe à l'acharnement.

Faire du réveil maximal un mode de vie est un conseil que j'appuie fortement mais je dois aussi nuancer mes propos et te parler de ces jours où tu n'y arriveras pas et où tu devras rester au lit. Je dois te parler de la distinction que tu dois faire entre l'autodiscipline nécessaire et l'acharnement néfaste en étant à l'écoute de ton corps. Comment savoir quand rester au lit?

Tu sais maintenant comme ton cerveau est faible et privilégie le confort. En partant de ce constat, ma réponse est très simple: ignore les caprices, écoute les avertissements. Si un matin, du jour au lendemain, tu as du mal à te réveiller et que ton cerveau te supplie de rester au lit parce qu'il adorerait ça, ne l'écoute pas. Mobilise ta discipline, traverse la difficulté et lève toi. Par contre, si ça se produit plusieurs jours d'affilée et que tu sens, en journée que tu n'es pas dans un état physique ou mental optimal, écoute les avertissements. C'est ton corps qui te réclame du repos. Dans ce cas là, faire preuve d'autodiscipline c'est écouter et privilégier les besoins de ton corps en mettant de côté tes objectifs. Repose toi le temps nécessaire pour rétablir tes pleines capacités et n'oublie pas que "*qui veut voyager loin ménage sa monture*". Une fois que tu te sens mieux, ne retarde pas d'une seule journée la reprise du rythme du réveil maximal.

***

Et puisque j'en suis à nuancer mes propos, je te propose de poursuivre avec moi dans le prochain chapitre où je m'efforce de traiter une vérité sans laquelle mon livre serait incomplet: le réveil maximal n'est pas fait pour tout le monde.

À tout de suite.

RETIENS SURTOUT ÇA.

- **Ton corps est câblé pour créer des habitudes.** Il en a besoin. Utilise le à ton avantage et fais de te réveiller tôt une habitude.

- **L'habitude se crée par la répétition d'un même comportement dans une situation donnée.**
  Tous les jours, passe à l'action et persévère.
  Avec le temps ça deviendra automatique.
  Pour le réveil maximal, je te conseille de tenir au minimum 132 jours. Yep. Rien que ça.

- **Tu VAS connaître des loupés.** C'est inévitable. **Accepte le d'avance et refuse qu'ils stoppent ta progression.**
  Tu es tombé? Relève toi et continue.

- Adopter le réveil maximal comme mode de vie te donne **5 avantages puissants** qui transforment ton quotidien et ta personne.

- **Ne faiblis pas mais ne t'acharne pas non plus.**
  Ignore les caprices de ton cerveau mais **écoute les avertissements** de ton corps.
  Si tu as besoin de repos, prends le temps nécessaire à rétablir tes pleines capacités.

Marine P.

26 ans, auto-entrepreneurs dans le milieu équestre, 6h00.
@marinep_equitation

Pour être tout à fait honnête, avant de connaître Xavier, ça faisait 3 ans que je repoussais la reprise de mon réveil matinal.

Ma première tentative en 2017 n'avait pas duré très longtemps. J'ai commencé à pratiquer le réveil maximal le 1er avril 2020 et je ne le regrette absolument pas. J'ai trouvé les réponses à mes questions, ce qui m'a permis de vraiment m'approprier l'idée.

Il paraît que déjà petite, je refusais de faire la sieste en répondant à ma mère que je n'avais pas le temps car j'avais trop de choses à faire. J'aime découvrir et me mettre à tellement d'activités! Le réveil maximal me permet d'avoir enfin du temps pour tout ce que j'aime : la lecture, les chevaux, la famille, mon chéri, les amis, le développement personnel, et les side-business (entre autres :)) !

Aujourd'hui, je reprends le travail. Je sais que ça va être un nouveau challenge, mais grâce à la flexibilité de la méthode et à l'expérience acquise, je sais maintenant que j'en suis capable.

Je trouverai mon nouveau Réveil Maximal!

13. C'EST PAS FAIT POUR TOUT LE MONDE

"Tout le monde peut tout faire, mais pas comme tout le monde."
Josué Cap Uya

Est ce que tu dois absolument te réveiller tôt pour atteindre tes rêves? La réponse est bien évidemment non. Ça se saurait si c'était obligé et tu n'aurais jamais entendu parler de lève-tard célèbres comme Mark Zuckerberg, Gustave Flaubert, Winston Churchill ou J.R.R Tolkien.

Ce qu'il faut pour réussir ta vie c'est de savoir ce que tu veux en faire vraiment, établir un plan et le découper en objectifs que tu te disciplines à atteindre chaque jour, peu importe le moment.

Si, dans ce livre, j'insiste sur le réveil maximal, c'est pour deux raisons. La première est toute simple. Le réveil maximal s'intègre parfaitement dans mon quotidien, m'apporte de gros résultats et beaucoup de plaisir. C'est un mode de vie qui me plaît énormément que j'ai envie de partager à un maximum de monde, persuadé qu'il conviendra à de nombreuses personnes. La seconde est purement statistique. Je veux proposer cette solution de réussite personnelle clés en main à la grosse majorité des gens qui a une vie rythmée par un réveil stressant, un boulot qui bouffe leurs journées (qu'ils aiment ou pas ledit boulot), une soirée qui commence par la course aux corvées et qui se termine en débranchage de cerveau devant des écrans.

Seulement, je suis loin de penser que le matin est le seul moment viable pour travailler sur soi et avancer sur ses objectifs. C'est juste un outil que tu peux décider d'utiliser selon ton envie et tes possibilités. En fait n'importe quel autre moment de la journée fait l'affaire si tu y mets l'autodiscipline, la détermination et la concentration nécessaires pour le transformer en créneau de réussite. Et heureusement parce que le réveil maximal n'est pas fait pour tout le monde.

Les allergiques à la réussite.

Commençons par ceux qui refusent l'idée même d'évoluer, tout court, alors que rien ne les en empêche. Ils refusent par principe ou parce qu'ils se mentent à eux-mêmes. Ils se convainquent qu'ils vivent déjà une vie de rêve ou sont terrorisés à l'idée des efforts à fournir pour s'imposer une quelconque rigueur et la vivre vraiment. Ils sont persuadés d'en faire déjà assez dans leur quotidien qui est mouvementé. La vérité est qu'il ne fait finalement que leur maintenir la tête hors de l'eau. L'énergie qu'ils dépensent en se dispersant au gré de leurs mauvaises habitudes leur permet simplement de survivre et de filer doucement vers une mort pleine de regrets. Chacun fait ce qu'il veut, bien évidemment. Seulement, à ces personnes, j'aimerais rappeler que se débattre n'est pas avancer. Dans l'eau, quand tu te débats c'est que t'es en train de te noyer.

Les autres personnes pour qui le réveil maximal n'est pas fait sont celles qui n'ont pas le choix à cause de certaines contraintes et, au contraire, celles qui peuvent s'en passer grâce à des conditions avantageuses.

Ceux qui ont du temps.

Tout le monde a les mêmes 24 heures, c'est un fait. Cependant, certaines personnes ont plus de liberté que d'autres sur la façon de les gérer. C'est le cas par exemple des étudiants, des entrepreneurs ou des parents au foyer. Je te cite ces trois situations parce que je les connais bien, ayant été moi-même dans chacune d'entre elles à un moment. Il y a plein d'autres cas, bien sûr, mais avec ces exemples, j'aimerais te montrer comment articuler la philosophie de l'escalier de la réussite autour d'un quotidien où tu as la liberté de gérer ton temps.

Étudiant - Je te parle là des étudiants qui suivent un cursus en faculté, sans petit boulot, et qui ont pas mal de temps libre dans leur emploi du temps. Si tu bosses à côté ou si tu es dans une filière où l'emploi du temps est très chargé (prépa, BTS, etc…), tu retombes dans le cadre général où tu dois faire de ton mieux en fonction des besoins et des circonstances.

Le temps libre que tu as en tant qu'étudiant est un atout monstrueux pour ta vie future mais tu ne t'en rends pas forcément compte sur le moment. La plupart du temps, tu le vois surtout comme l'occasion de passer du bon temps et de lâcher prise dans cette nouvelle vie où tu découvres l'indépendance et l'absence de cadre (en tout cas c'était mon cas comme je te l'ai décrit dans le chapitre 2).

Pourtant, t'imposer un cadre c'est te donner la possibilité de transformer du temps libre en un moment de qualité centré sur ton développement et l'atteinte d'objectifs de vie. La clé est de planifier. Étudie ton emploi du temps pour repérer et bloquer chaque jour un créneau de réussite au moment qui coïncide avec le minimum de nuisance.

Mobiliser ton autodiscipline pour te concentrer sur ta réussite pendant ces créneaux c'est accéder au luxe de ne pas avoir à choisir entre prendre du bon temps et devenir meilleur.

Si tu fais un tel travail sur toi aussi tôt dans la vie, tu te donnes des avantages monstres. Déjà, tu clarifies tes buts et réduis les chances de prendre une mauvaise voie. Mais surtout, tu collectes des savoirs et des compétences qui te serviront toute ta vie. C'est un investissement sur le très long terme dont tu ne peux ressortir que gagnant. D'ailleurs, à cette étape de ta vie, je te conseille fortement de consacrer du temps à apprendre à apprendre en te formant aux techniques de mémorisation, de lecture rapide et de cartes heuristiques. Tu en retireras des bénéfices immédiats et différés qui te rendront la vie beaucoup plus simple, productive et efficiente.

Entrepreneur - Un entrepreneur est une personne, souvent poussée par une vision et une motivation forte, qui s'engage dans un projet qui lui tient à coeur et convertit son savoir, son expérience ou ses compétences en revenus en investissant son temps.

Par essence, un entrepreneur sérieux est déjà engagé chaque jour sur la voie de sa vie MAXIMALE. L'entrepreneur a un état d'esprit bâti pour la réussite et connaît déjà l'importance de la persévérance, de l'engagement au quotidien et, évidemment, de la valeur inestimable de son temps qu'il transforme chaque jour en résultats. Dans ces conditions, le réveil maximal devient complètement optionnel. Ça devient un simple outil que tu peux décider d'utiliser ou pas. Ce qui peut te pousser à le faire ce sont les éventuelles contraintes extérieures de la vie en journée (bruit, distractions, obligations sociales et familiales), les rendez-vous ou le fait que ton pic de productivité soit centré autour du matin. Tu peux aussi décider de l'utiliser par plaisir (oui, oui, ça existe) pour profiter de l'ambiance particulière du matin.

Parent au foyer - Pour l'avoir été quelques années, je peux te dire que c'est de loin le métier (oui pour moi c'est un job à part entière) le plus incompris du monde. Seules les personnes qui l'ont déjà fait savent ce que c'est réellement. Les autres continuent de penser que tu traînes en pyjama toute la journée dès que t'as envoyé les gosses à l'école. Bref, la société sous-estime gravement la tonne de boulot et la charge mentale que doit encaisser un parent au foyer. C'est vraiment dur.

Si tu es dans ce cas, c'est justement parce que c'est très dur que tu dois mobiliser encore plus ton autodiscipline pour éviter les distractions, gagner en productivité et te dégager du temps libre. Utilise-en une partie pour te relâcher parce que tu n'es pas une machine et le reste pour ta vie MAXIMALE. Là aussi, planifier est la clé. Le dimanche soir, par exemple, étudie le planning de la semaine à venir. En fonction de la charge de travail, des horaires de l'école, des rendez vous, des courses etc... identifie et bloque des créneaux à consacrer à ta croissance personnelle. Quand tu as accès à du temps libre dans une maison calme, ne le gâche surtout pas. Quand arrive le moment, discipline toi pour te mettre au travail et abattre les objectifs sur ta feuille de route. C'est comme ça que tu pourras soit t'ouvrir des perspectives si tu souhaites reprendre une activité ou développer la tienne soit, tout simplement, devenir meilleur pour la famille qui compte sur toi. Rappelle toi que tu as du temps. Oppose lui tes priorités.

Tu peux aussi, évidemment, toujours utiliser le réveil maximal. Dans ton cas, c'est une question de choix personnel et stratégique. Rien ne t'y oblige, rien ne t'en empêche.

Ceux qui vivent la nuit.

On est tous différents et ça se vérifie aussi avec le rythme de sommeil. Ton corps est toujours le même que celui de tes ancêtres préhistoriques. Rien n'a changé. Or à cette époque, il était vital qu'il y ait toujours quelqu'un d'éveillé au cours de la nuit pour surveiller la tribu endormie. Naturellement, des affinités pour le matin ou le soir se sont développées parmi nos ancêtres et nous ont été transmises.

Dans son livre *"Why we sleep"*, le Dr Matthew estime que nous serions 40% à être du matin, 30% soir et que les 30% restants sont un peu entre les deux. En ce qui concerne les oiseaux de nuit, ces personnes qui se sentent plus en forme et productives la nuit, il écrit *"ils sont contraints à un rythme décalé en raison de l'inévitable câblage de l'ADN. Ce n'est pas leur faute personnelle, mais plutôt leur destin génétique."* Pour environ 1 personne sur 600, ce décalage peut prendre des proportions handicapantes. On parle alors de syndrome de retard de phase. Les personnes dans ce cas sont incapables de s'endormir avant une heure avancée de la nuit et ont des difficultés monstres à se réveiller avant 8h pour se caler sur le rythme en 9h-18h de la société. Une étude australienne[13] a mesuré qu'en moyenne elles s'endorment à 2h09 et se réveillent à 10h16 contre 23h18 et 7h59 pour les personnes "*saines*". Si tu es dans ce cas ou si tu soupçonnes de l'être, le mieux est de consulter un spécialiste du sommeil qui pourrait t'aider à mieux synchroniser ton rythme à ta vie sociale et tes contraintes professionnelles pour minimiser les dégâts sur ta santé.

Sans qu'il prenne de telles proportions, si tu sens un décalage par rapport au rythme de la société et tu penses être un oiseau de nuit, évidemment, le réveil maximal n'est pas fait pour toi. Ce serait complètement ridicule et néfaste de t'imposer un rythme qui va à

---

13 Micic, Gorica & Lack, Leon & Lovato, Nicole & Gradisar, Michael & Ferguson, Sally & Burgess, Helen & Kennaway, David. (2015). Nocturnal Melatonin Profiles in Patients with Delayed Sleep-Wake Phase Disorder and Control Sleepers. Journal of biological rhythms. 30.

l'encontre même de ce que tu es profondément. C'est littéralement inscrit dans ton ADN. Tu dois faire au mieux pour respecter ta tendance naturelle et privilégier une quantité de sommeil suffisante.

Cela étant dit j'aimerais préciser deux choses.

La première est que ça ne doit pas être une excuse pour stagner et te complaire dans le divertissement nocturne. Que tu sois décalé par rapport au rythme conventionnel ne te dispense pas de devoir, toi aussi, travailler dur pour aller chercher ta vie MAXIMALE. Quand tu es au taquet au milieu de la nuit quand tout le monde dort, tu te retrouves dans une situation similaire au réveil maximal: tu es seul, tout est calme et tu as tout ce qu'il te faut pour avancer sur tes objectifs. Tu peux toi aussi suivre une feuille de route et travailler sur tes projets chaque nuit. Bien sûr, il y a certaines choses que tu ne peux pas faire, notamment du sport parce qu'il retarderait encore plus ton coucher, mais il ne tient qu'à toi de faire de ton mieux dans ces circonstances pour avancer malgré tout.

Deuxièmement, sois sûr d'être un oiseau de nuit avant de consolider ce style de vie. Sois sûr de "*ne pas être du matin*" avant d'ancrer cette croyance en toi et de le répéter à qui veut l'entendre. Tout comme je soulignais comme il serait mauvais pour un noctambule d'adopter un rythme de vie matinal, l'inverse est vrai. Si tu te couches tard chaque soir alors que tu as un rythme naturel matinal, tu as un comportement extrêmement néfaste pour ta santé physique et mentale. As tu déjà réfléchi à ton heure de coucher? Es-tu absolument certain d'être un oiseau de nuit ou est ce une habitude que tu as prise sans trop y réfléchir dans la poursuite de ce que tu as toujours fait? Si tu ne t'es jamais posé la question, je t'invite à le faire parce que, du coup, tu n'as pas la réponse. On est conditionnés par notre éducation, la société, l'environnement ou des comportements passés. Les remettre en cause peut être source d'un plus grand épanouissement. Aussi, n'oublie pas que contrairement à tes ancêtres, tu es entouré d'écrans qui te bombardent d'une lumière bleue qui contribue à fausser la perception de ton propre rythme.

Si tu as le moindre doute sur ta vraie affinité naturelle, je t'invite à faire la chose qui semble la plus logique: essayer le réveil maximal. Réveille toi tôt pendant au moins un mois et tu auras une réponse définitive. Je te conseille de le faire au moins un mois par retour d'expérience. C'est, selon moi, le temps minimum nécessaire pour devenir à l'aise avec ce nouveau rythme et déterminer ce qui fonctionne le mieux pour toi chaque matin. Au bout d'un mois tu sauras. Soit tu es définitivement du soir et ce mois d'essai n'aura été qu'un investissement de ta personne via un peu de fatigue pour apprendre à mieux te connaître. Soit, tu réalises finalement que tu es complètement du matin et ce mois d'essai est une vraie révélation qui marque le début d'une nouvelle vie où tu gagnes en énergie, productivité, sérénité et confiance en toi. Quelque soit le résultat, tu auras eu une démarche proactive pour obtenir une réponse certaine et arrêter de tergiverser pour savoir ce qui serait mieux pour toi. Par contre, pour que le test soit concluant, il faut que tu le fasses sérieusement et correctement. Suis la méthode que je t'ai décrite pour planifier ton matin, utilise mes astuces pour te réveiller à la même heure pendant un mois et bichonne ton énergie en mobilisant ta discipline sur le sommeil, l'alimentation et le sport. Joue le jeu à fond sinon n'essaye même pas, tu perdrais ton temps. Je peux t'accompagner pendant ce mois de test si tu le souhaites. Pour ça, il te suffit de relever le challenge RMVM que tu trouveras sur xavierclain.com.

Ceux qui travaillent en décalé.

En France[14], respectivement 23% et 9% des salariés travaillent le soir entre 20h et minuit et la nuit entre minuit et 5h. Par ailleurs, 85,7% des salariés qui travaillent la nuit travaillent aussi le soir. Le travail en horaires décalés ou variables est donc loin d'être un cas isolé. Ça l'est encore moins si tu y ajoutes les millions de personnes qui n'ont pas été comptabilisées dans cette étude à cause d'horaires conventionnels mais qui doivent quand même se lever très tôt ou rentrer tard compte tenu du temps de transport. Les horaires décalés se rencontrent le plus souvent dans des secteurs d'activité nécessitant une continuité de la vie sociale (agents d'entretien, chauffeurs, livreurs…) ou une permanence des services de soins (infirmiers, aide-soignants, médecins…) et de la sécurité des personnes (policiers, militaires, agents de sécurité, maître-chiens…). Ça concerne aussi bien l'industrie que le tertiaire et ça touche aussi bien le cadre que l'ouvrier.

Avant de poursuivre, j'aimerais écrire et exprimer mon respect envers ces millions de personnes qui, par choix ou par obligation, ont choisi de vivre en décalé par rapport à la société pour occuper des postes cruciaux pour le bon fonctionnement de celle-ci. Elles n'ont, de fait, pas la latitude de se lever tôt pour le plaisir d'avancer sur leur réussite. Elles le font par obligation et ça rend la chose beaucoup plus dure. Respect.

Du coup, comment t'assurer d'avancer sur ta réussite quand tu es dans ce cas?

La clé réside là encore dans la planification. Si tu connais ton planning à l'avance ou si tu as des horaires fixes, prévois sur la semaine à venir des moments qui coïncident avec le minimum de nuisances pour y caler des créneaux dédiés à ton développement et l'atteinte des objectifs de

14 "Le travail en horaires atypiques : quels salariés pour quelle organisation du temps de travail", Etude menée par la Direction de l'Animation de la recherche, des Études et des Statistiques, 2018.

ta feuille de route. Je sais que c'est déjà dur pour toi d'accorder ton planning avec tes engagements sociaux et familiaux. En fait, c'est carrément 5 fois plus dur que si tu étais en horaires classique (7,2% des travailleurs de nuit estiment être "pas bien du tout" pour concilier vie personnelle et professionnelle contre 1,6% des travailleurs en horaires classiques). Mais ce n'est pas parce que c'est dur qu'il ne faut pas le faire. Au contraire. C'est parce que ce n'est pas facile que tu dois te battre encore plus fort, ne pas abandonner l'idée, mobiliser toutes tes ressources et ta discipline pour t'assurer de ne pas avoir de regrets. Dis-toi que seulement 30 minutes par jour peuvent faire une énorme différence dans ta vie. Rappelle toi, ta force mentale est là quelque part. Il te suffit de la révéler et de passer à l'action. Tu en es capable.

Et tu sais pourquoi je suis persuadé que tu es capable de faire quelque chose d'aussi dur? Parce qu'Isabelle le fait et qu'elle n'a rien de plus que toi. Elle a accepté de partager son expérience avec nous dans un témoignage que je te laisse découvrir:

« Le jour où j'ai décidé de reprendre ma vie en mains, je n'ai vraiment pas fait semblant. J'étais tellement obsédée par la réussite que j'ai étudié tout ce que je pouvais sur le sujet. J'ai lu des biographies de personnes dont les actions et la vie étaient couronnées de succès. J'ai certes analysé leurs points communs et leurs différences, mais j'ai surtout fait l'inventaire de tout ce que je pouvais transposer dans ma propre vie pour connaître à mon tour la réussite dans ce que j'entreprenais. C'est ainsi que j'ai découvert le concept du réveil matinal et par la même occasion que j'ai été amenée à relever mon premier gros challenge. Quiconque s'intéresse aux histoires des plus grands performeurs de ce monde se rend vite compte que la très grande majorité d'entre eux sont des lève-tôt et n'hésitent pas à recommander cette pratique qu'ils voient comme un facteur de leur succès.

Le problème était que j'entretenais une relation d'amour fusionnelle avec mon oreiller. Je n'hésitais pas à répéter à qui voulait l'entendre le fameux "*je ne suis pas du matin*". Mais si autant de personnes dont je respecte le parcours prétendent devoir une part de leur réussite au fait d'avoir fait du réveil matinal une habitude, qui suis-je pour rejeter cette idée sans même avoir essayé? Je me suis donc mise à me réveiller plus tôt et ma vie a complètement changé. J'ai découvert le luxe de disposer de temps supplémentaire de qualité à consacrer à moi-même pour lire, écrire, apprendre ou développer une nouvelle compétence, méditer, pratiquer une activité physique...

Au début, la création de cette nouvelle habitude n'a pas été facile. C'est ce qui a permis de me forger un état d'esprit solide. J'ai commencé par me lever de plus en plus tôt par tranche de 15 minutes jusqu'à arriver à un gain de temps de deux heures. Chaque jour, me réveiller à 5 heures du matin a fini par devenir du pur plaisir à la seule idée de tout ce que j'allais pouvoir accomplir. Et à chaque fois que j'ai eu envie de rester au chaud sous ma couette je n'ai eu qu'à me remémorer **POURQUOI** je faisais les choses. Efficacité immédiate pour m'extraire de mon lit. Pratiquer tout un ensemble d'activités, seule, alors même que tellement d'autres personnes dormaient a produit cet effet de me transporter dans une dimension quasi-intemporelle.

Alors, lorsque pour des raisons familiales, j'ai dû faire le choix d'opter pour un service de nuit à mon travail, il était hors de question de composer avec l'idée de ne plus disposer de ce temps. J'ai dû relever un nouveau challenge: allier travail de nuit et "*réveil maximal*" tout en étant maman d'une petite fille pleine de vie.

Comment je me suis organisée?

J'effectue mon service de 21 heures à 05 heures du matin, et quoiqu'il arrive, de 05h30 à 07h30, tous les jours, je pratique le réveil maximal: je lis, j'écris, je médite et je fais du sport.

C'est le noyau dur de mes activités matinales. Le reste du temps je consacre du temps à ma famille, je développe mon activité de coaching et je m'attèle aux activités de la vie courante. Pourquoi ne pas avoir reporté les activités du réveil maximal à un autre moment de la journée? Tout simplement parce que le matin a cette ambiance particulière qu'on ne retrouve à aucun autre moment de la journée. Il y a une réelle différence entre le monde endormi et le monde réveillé. La qualité du temps que je consacre à moi-même relève du premier monde, quand tout le monde dort, que tout est calme.

Alors oui je t'encourage à ne pas rejeter une idée qui potentiellement peut changer ta vie. Fais-en l'expérience et forme ta propre opinion sur le sujet. Pourquoi tu n'y arriverais pas? Parce que c'est difficile? Je travaille de nuit, j'ai un enfant en bas âge, je développe en parallèle une auto-entreprise. Ce n'est pas facile, effectivement. Mais il faut savoir faire des choix difficiles maintenant pour avoir une vie facile par la suite. Me lever tôt (et en l'occurrence avoir conservé ce moment même quand mon quotidien a changé) a largement contribué à faire de moi la personne que je suis aujourd'hui et dont je suis fière. Travaille sur ton **POURQUOI** et tu te lèveras chaque jour avec une seule obsession: faire en sorte que chaque jour compte."

Isabelle, travailleuse de nuit et coach, @isa_lbn.coach

Chaud de se trouver des excuses après avoir lu ça, hein?

Comme le dit si bien Isabelle, trouve tes **POURQUOI** et rien ne pourra résister à ta détermination. Je t'assure que te réserver des créneaux de réussite dans ton emploi du temps chaotique devient vite beaucoup plus facile quand tu définis clairement tes priorités.

Ceux qui ont un bébé.

Avoir un bébé, c'est dur. Très dur. J'ai 2 fils et pour être franc, s'occuper d'eux dans leur première année est de loin ce que j'ai eu à faire de plus dur de toute ma vie. Courir un marathon à côté c'est du pipi de chat. Et là, je te dis ça du point de vue du papa. Je n'ose même pas imaginer ce que c'est quand t'es une femme et que tu dois, en plus, récupérer de ta grossesse et supporter les désagréments du post-partum. Grand Respect à vous Mesdames.

Dans la première année de l'enfant (à peu près et ça dépend du caractère de l'enfant), c'est simple, tu ne maîtrises absolument rien. Il met plusieurs mois pour faire une nuit complète, il a son propre rythme en journée et traverse différentes phases qui peuvent le rendre d'humeur massacrante parce qu'il n'a pas d'autres moyens de s'exprimer. Tout ce que tu peux faire c'est t'y soumettre parce que tu vis avec un être fragile qui a un besoin colossal de soins, d'attention et d'amour. Tu lui donnes bien évidemment avec plaisir parce que 95% du temps, c'est un bonheur sans fin. Seulement, pendant cette période, t'as un peu l'impression de mettre ta propre vie entre parenthèses parce que tu ne fais que trois choses: t'occuper du bébé, gérer au mieux le quotidien (les autres enfants, la maison, la vie sociale s'il en reste une…) et essayer de survivre au rythme d'enfer.

Dans ces conditions, mon conseil pour toi est d'accepter cet état de fait et de te rappeler que ce n'est que temporaire. Oui, tu ne peux plus faire de toi une priorité et travailler à la poursuite quotidienne de ta vie MAXIMALE mais dis toi que c'est pour une raison qui te dépasse. C'est le bébé qui devient ta priorité et c'est une très bonne chose parce que, de toute façon, il VA faire partie de ta vie MAXIMALE. Tant que c'est compliqué avec ton bébé, ne cherche pas à te lever tôt absolument. Repose-toi et dors tant que tu le peux. Tu en as besoin pour privilégier ta santé physique et mentale et toute ta famille a besoin de toi dans la meilleure forme possible.

Cela étant dit, ça ne t'empêche pas de garder dans un coin de ta tête le principe de croissance: faire au mieux pour avancer vers sa vie maximale en fonction des besoins et des circonstances.

Dès que ton bébé commence à faire ses nuits et avoir un rythme régulier ou si tu sens que c'est vraiment faisable pour toi de tout gérer de front, passe à l'action. Fais à nouveau de toi une priorité et travaille coûte que coûte à l'atteinte de ta réussite. C'est d'autant plus crucial que tu as maintenant une personne de plus à tirer vers le haut.

***

Comme tu le vois, finalement, le réveil maximal n'est qu'un outil. Un outil puissant, certes, mais un outil que tu peux choisir d'ignorer. Au final, une fois que tu as décidé de te prendre en mains pour aller chercher ta vie MAXIMALE, c'est à toi de concilier tes ressources et tes contraintes de façon à pouvoir te créer un moment dédié à ta réussite. Comme je te l'ai dit plus haut, le plus important est de se discipliner à réussir. Matin ou pas.

Par contre, dans cette quête de ta réussite personnelle, il y a une chose sur laquelle tu ne dois absolument pas faire l'impasse, c'est ton énergie.

C'est tellement important que j'y dédie toute la dernière partie de ce livre où je te donne mes meilleurs conseils en terme d'alimentation, de sport et de sommeil. Ne les néglige surtout pas parce que sans énergie MAXIMALE, pas de vie MAXIMALE.

RETIENS SURTOUT ÇA.

- **Le réveil maximal n'est PAS obligatoire pour réussir.**

- Ce qu'il faut c'est **se discipliner à réussir**, quelque soit le moment.

- Tu PEUX donc travailler à ta vie MAXIMALE même si tu ne veux ou ne peux pas te réveiller tôt.

- La clé est de **planifier dans ta semaine des créneaux de réussite qui correspondent à des moments de nuisances minimum.** Quand c'est le moment, mobilise ton autodiscipline et passe à l'action.

- Cela reste malgré tout **une solution moins bonne que le réveil maximal**: c'est plus dur à faire et tu es moins efficace (nuisances, fatigue, interruptions…)

Margot

16 ans, Lycéenne et fondatrice de la @conscienceschool, 5h30.

@margot_bersillon

Le réveil maximal me permet de me consacrer pleinement à mes projets chaque matin, avec volonté, sans distraction et sans la possibilité de me trouver des excuses pour ne pas passer à l'action.

Je ne ressens plus la frustration de ne pas avoir pu accomplir une tâche importante puisque je décide de mon temps et de mes actions.

Mes matins m'appartiennent, j'en suis responsable, j'en ai le contrôle.

Ce sont eux qui définissent le reste de ma journée mais aussi, et surtout, mon avancée dans la vie. Ce sont MES matins, ils ME sont consacrés. Donc, oui, je choisis de commencer mes journées de manière "égoïste". Je fais de moi la priorité chaque matin… pour ensuite être plus présente pour les autres le reste de la journée !

De toute façon, le matin tout le monde dort, tu PEUX donc te consacrer à toi, à ton bien-être, à tes projets, et à tes rêves !

Commencer chaque jour par un matin pleinement consacré à ton accomplissement. C'est pas beau ça?

Sans oublier que tu peux, en plus, contempler de magnifiques levers de soleil.

PAS DE VIE MAXIMALE SANS ÉNERGIE MAXIMALE

L'énergie c'est le carburant qui te permet de bouger, penser, ressentir, agir, interagir et créer des résultats dans ta vie. C'est le socle de ta réussite.

Quand tu débordes d'énergie, tu te sens invincible, prêt à déplacer des montagnes pour atteindre tes objectifs ou affronter tout ce que la vie t'envoie à la figure. Au contraire, quand tu en manques, tu te sens fatigué, las, tu manques de motivation et le moindre effort physique ou mental devient un calvaire.

Tu ne peux pas espérer faire de grandes choses dans ta vie en laissant au hasard cette ressource tellement précieuse. C'est encore plus vrai si tu adoptes le mode de vie du réveil maximal qui exige de toi à la fois un fort engagement physique et mental. Si tu te lances sans bichonner ton énergie c'est comme si tu prenais la mer avec une barque trouée. T'iras pas loin.

La bonne nouvelle est que prendre soin de ton énergie, ce n'est pas aussi compliqué que tu le penses, il te suffit de traiter ton corps comme il faut. C'est tout. Est ce que j'insinue par là que tu maltraites ton corps au quotidien? Oui. C'est le cas mais, pour ta défense, tu n'en es pas forcément conscient.

Le truc c'est que même si tu vis dans une société hyper moderne avec des gadgets à la pointe de la technologie, ton corps est toujours le même que celui de tes ancêtres préhistoriques. Il n'a pas bougé. Ce que tu lui fais subir à travers ton mode de vie du 21ème siècle, très éloigné de la nature, l'abîme violemment. Tu es sédentaire là où tu es taillé pour bouger H24, tu manges des merdes industrielles là où ton corps ne sait que traiter des produits naturels bruts et enfin tu ne portes aucune attention à ton sommeil là où ton corps est réglé pour suivre le rythme du soleil. Le choc est tellement violent pour ton organisme qu'il en développe des maladies graves comme du diabète, des cancers, de l'obésité ou encore des pathologies cardiovasculaires. Pas exactement ce que tu veux quand tu cherches à vivre une vie MAXIMALE, n'est ce pas?

Tu dois faire de ton corps une priorité ABSOLUE, lui vouer un culte (et j'ai bien vérifié la définition du mot avant de t'écrire ça). Je te parle pas d'esthétique, du 6-pack ou d'un cul rebondi. On s'en fout (sauf si c'est un de tes objectifs bien sûr). Je te parle de ta SANTÉ. Je te parle de traiter avec le respect profond et l'admiration que tu dois ce bijou exceptionnel de la Nature qui t'a été offert. C'est ton seul vaisseau pour traverser cette vie. C'est le seul endroit que tu ne peux pas quitter. Autant que le voyage se passe dans les meilleures conditions non? Si je te donnais le choix, ça m'étonnerait que tu préfères faire 15H de route dans une vieille 205 toute pourrie plutôt que dans une Audi A5 taillée pour la route. J'ai connu le corps "205" et j'ai aujourd'hui le corps "A5". Je sais de quoi je parle. J'ai connu cette impression dégueulasse de ne pas avoir dormi tellement j'étais mort de fatigue dès le réveil, de me traîner comme une loque toute la journée en consommant je ne sais quelle cochonnerie persuadé que ça allait me booster. J'ai connu cette flemme monumentale de bouger un seul doigt de pied à cause de centaines d'heures de sommeil perdues dans des sessions de jeu à rallonge. J'ai connu ce qu'était la vie quand tu te laisses porter par des mauvaises habitudes. J'ai connu ce qu'était la vie quand tu ne prends aucune mesure pour bichonner ton énergie. Je me persuadais que c'était normal de vivre comme ça. Pfffff, la blague du siècle.

Maintenant que je sais ce que c'est que de péter la forme dès le réveil, d'avoir une santé explosive et une énergie débordante, crois moi, je ne ferais marche arrière pour rien au monde. C'est trop bon de sentir une putain de niaque qui monte en toi et qui te donne l'impression de pouvoir conquérir le monde dès que tu poses le pied par terre. C'est trop bon de passer à l'action toute la journée sans avoir besoin de t'asseoir pour reprendre ton souffle ou te reposer.

Aujourd'hui, je peux le dire, je n'avais aucune idée de ce qu'était de vivre vraiment avant de prendre sérieusement soin de mon corps et de ma santé.

Si tu ne le fais pas déjà, je t'invite urgemment à t'y mettre parce que ton corps est beaucoup trop précieux. C'est le porteur de tous tes projets. Littéralement. C'est ton corps qui réalise toutes tes actions. Si tu veux explorer le potentiel de ta vie, en prendre soin n'est ni un luxe, ni une perte de temps, c'est une obligation.

Et puis, encore plus important, ton corps c'est le pilier sur lequel peuvent s'appuyer tes proches et ta famille. Tu les aimes, alors, assure toi que ce pilier soit le plus solide possible. Comment veux tu les soutenir si tu t'effondres toi-même à la moindre difficulté ou, pire, si tu n'as même pas l'énergie de te porter?

Dans les 3 chapitres suivants, on va voir ensemble comment faire au 21ème siècle pour bichonner les 3 piliers pour une santé explosive que sont le sommeil, l'activité physique et l'alimentation. On verra ensemble ce qui pose problème dans notre société moderne et comment tu peux y remédier grâce à des recommandations simples.

Chacun de ces chapitres est un sujet qui peut largement alimenter plusieurs bouquins. J'ai condensé pour te parler uniquement de ce que j'ai pu tester et te donner les conseils que j'applique moi-même. Ces bonnes pratiques m'ont permis de passer d'un corps larvaire surchargé de 15 kilos à un corps en pleine santé qui me permet de me réveiller en forme chaque jour à 4h30, de prendre du plaisir à faire du sport 5 fois par semaine et d'avoir l'énergie de réaliser mes projets de vie comme celui de courir un marathon ou … d'écrire un livre.

J'espère que les résultats seront aussi bons pour toi.

14. DORS PLUS

"Le sommeil est le carburant de l'homme d'action"
Frédéric Dard

"On ne dort pas pour dormir mais pour agir."
Georg Christoph Lichtenberg

Notre mode de vie moderne a fait du sommeil un fusible, une variable d'ajustement de notre temps. C'est lui qu'on sacrifie sans trop d'égard quand on cherche à en gagner ou à s'éclater. Et c'est une erreur grave.

Je dois avouer que je ne m'en rendais pas autant compte avant de faire des recherches pour ce livre et de l'expérimenter sur 10 mois. J'espère qu'à la fin de ce chapitre tu seras convaincu à ton tour de l'importance cruciale de prendre soin de ton sommeil.

Une dette ABYSSALE.

Je te l'ai écrit plus tôt, on est toujours câblés comme des hommes préhistoriques. Notre espèce, les hominidés a deux millions d'années.

Jusqu'à très récemment, on vivait au rythme de la nature en calant notre sommeil sur le cycle naturel de l'alternance jour-nuit.

Tout ceci a été bouleversé par la maîtrise de l'électricité au 19° siècle et encore plus par l'explosion des écrans depuis les années 2000. Les lumières artificielles et les signaux lumineux intenses nous ont fait perdre cette connexion avec un rythme naturel. Par plaisir et un peu par vanité, parce qu'on pense toujours savoir ce qui est meilleur pour notre corps, on fait peu de cas de notre sommeil en se disant que ça va, que c'est "*juste*" du dodo. C'est une erreur monumentale parce que ton corps ne comprend tout simplement pas ce qui lui arrive. Tout ceci est beaucoup trop soudain et récent pour lui. Il y a un énorme décalage entre ses besoins vitaux et la façon dont tu le traites. Ça ronge dangereusement ton énergie et ta santé.

Il faut savoir que quand tu as reçu ton quota de sommeil, tu n'as aucun mal à te réveiller. Tu ne peux pas trop dormir (sauf dans le cas de certaines maladies), par contre, tu peux dormir trop peu. Le bulletin épidémiologique[15] de Santé Publique France du 12 mars 2019 révèle que le temps de sommeil des français (et je pense qu'on peut étendre cette étude à toute société au mode de vie occidental) est en moyenne de 6h45 contre un temps de sommeil idéal pour être en forme estimé de 7h14. En moyenne donc, chaque jour, tu creuses ta dette de sommeil de 29 minutes. Ce qui signifie que chaque semaine tu dors 3 heures et demie en moins ou que toutes les deux semaines, tu perds une nuit complète de sommeil. C'est énorme. Tout aussi alarmant, entre 1985 et 2004 la part de Français ayant un temps de sommeil total de moins de 6h a augmenté de 5 points. Cette réduction générale du temps de sommeil est dû à des facteurs comme l'augmentation des temps de trajet pour se rendre au travail, l'explosion de l'utilisation des écrans le soir et du temps de loisir.

15 Bulletin Epidémiologique Hebdomadaire, 2019, n°. 8-9, p. 149-160

Avec une dette de sommeil aussi abyssale, tu comprends mieux pourquoi t'as autant de mal à t'arracher du lit le matin? Comment tu veux espérer y arriver si t'es complètement KO?

Jouer avec ton sommeil c'est jouer avec ta vie.

Le plus fou dans l'histoire c'est que tu ne te rends même pas compte que tu as accumulé une si grosse dette de sommeil. Le corps humain a une grosse capacité d'adaptation qui fait qu'il s'habitue très vite à une nouvelle norme. Il évalue ensuite toutes les situations par rapport à celle ci. En gros, ton nouvel état remplace l'ancien. Ton état fatigué devient petit à petit ton état normal et tu oublies ce que c'est que d'être vraiment reposé, d'être vraiment en forme. Ainsi, même si tu ne le ressens pas, il y a de fortes chances que tu sois en ce moment même en grand manque de sommeil si tu ne t'es jamais particulièrement imposé de discipline sur ce plan là. Et malheureusement, ça a pour toi des conséquences graves que tu ne soupçonnes pas parce que contrairement au sport et à la nutrition, tu n'as jamais été sensibilisé officiellement aux problèmes du manque de sommeil.

Pour comprendre pourquoi c'est si mauvais de ne pas assez dormir, il faut d'abord que tu saches comment fonctionne ton sommeil et à quoi il sert (t'inquiète ça va être très rapide parce que traiter le sujet entier demanderait un livre à lui seul).

L'éveil, le sommeil et la somnolence dépendent de l'interaction complexe de deux processus distincts. Le premier est le processus circadien, qui règle la sécrétion de la mélatonine, l'hormone du sommeil, sur un cycle approximatif de 24h. C'est ce qu'on appelle l'horloge biologique. C'est elle qui favorise ou au contraire empêche l'endormissement selon l'heure de la journée. Elle est fortement influencée par des synchroniseurs externes tels que la lumière, l'activité physique ou les activités du quotidien. Le second est le processus homéostatique: il te fait ressentir une pression de sommeil qui augmente au fur et à mesure que tu restes éveillé. C'est un peu comme une vessie mais pour le sommeil. Elle se remplit doucement dans la journée selon tes activités et quand elle est pleine, tu ressens un fort besoin de dormir. Le repos permet de la vider et de faire disparaître cette pression du sommeil.

Une nuit de sommeil est découpée en 4 ou 6 cycles de 90 à 110 minutes selon les individus. Un cycle de sommeil est toujours organisé de la même façon:

- Une phase de sommeil lent léger pendant laquelle on observe une baisse du tonus musculaire, une diminution de la fréquence cardiaque et une grande perte de conscience. Cette phase représente environ la moitié du sommeil total.
- Une phase de sommeil lent profond qui permet la plus grande récupération physiologique pour l'organisme. Cette phase du sommeil joue donc un rôle crucial dans la régulation de ton niveau d'énergie. Elle représente 15 à 25% du sommeil total. Il est très important de noter que la durée et la proportion de ce sommeil sont plus importantes en début de nuit et dans les premiers cycles du sommeil.
- Une phase de sommeil paradoxal qui sert à la récupération de la fatigue nerveuse et favorise la mémorisation et la concentration.

Le sommeil joue donc un rôle déterminant dans la récupération et le bon fonctionnement de ton organisme aussi bien sur le plan physique que psychique. Une bonne nuit de sommeil est la seule chose qui permet la régénération de ton corps en le mettant au repos total. Il n'est pas fait pour fonctionner H24. Ce n'est pas une machine. Si tu n'accordes pas à ton sommeil l'importance qu'il mérite, tu t'exposes à de nombreux risques:

- Une prise de poids suite à la perturbation de la régulation de la ghréline et de la leptine, les hormones qui régulent l'appétit et donc un risque plus important d'obésité et de diabète,
- Un risque accru d'apparitions de maladies cardiovasculaires,
- Un risque accru de la survenue d'un cancer,
- Une diminution cognitive et psychologique qui se traduit par une baisse de motivation, de l'anxiété ou des conduites addictives, voire une dépression,
- Une forte augmentation de la somnolence et des risques liés: tu as 3 à 5 fois plus de chances d'avoir un accident (En France, 30% des accidents sur autoroute sont dûs à la somnolence au volant).

Tu veux vraiment risquer ta vie dans un accident, donner accès à un cancer ou favoriser un diabète en t'obstinant à ne pas aller dormir quand c'est le moment? À quoi te sert de travailler à ta vie MAXIMALE si tu la raccourcis avec une mauvaise hygiène de vie? Tu dois viser une énergie et une santé MAXIMALES également. Et dans cette optique, prendre soin de ton sommeil n'est pas une option. Pour mettre toutes les chances de ton côté je t'invite à suivre les conseils suivants.

7 conseils pour reprendre ton sommeil en mains.

Lève-toi tôt. - Je devais forcément commencer par celui-là.

Te réveiller tôt t'aide à avoir un meilleur sommeil en jouant sur la pression homéostatique. En te réveillant tôt, tu es actif plus tôt et, par conséquent, ta pression homéostatique atteint son maximum plus tôt dans la soirée. Ça t'aide à mieux dormir puisque ton pic de somnolence correspond alors au moment où ton corps s'apprête à dormir avec la sécrétion de mélatonine aux alentours de 21h. Tu vas alors plus volontiers au lit et tu as à la fois plus de facilité à t'endormir et te réveiller. C'est un vrai cercle vertueux qui s'enclenche quand tu fais l'effort de l'amorcer en te réveillant tôt les premiers jours.

Si je t'encourage à jouer sur l'heure de ton réveil pour avoir un meilleur sommeil, c'est pour gagner en contrôle. Le réveil c'est un acte soudain complètement dépendant de toi. C'est toi qui décides en une fraction de seconde de passer de l'état endormi à réveillé en te levant du lit. BOOM. L'endormissement c'est complètement l'inverse. Tu te mets au lit, tu fermes les yeux et tu attends. Tu n'as quasiment aucun contrôle sur le processus et tu espères juste que ça se fasse rapidement. Ça peut être une source d'angoisse et de stress terrible si tu as des difficultés à t'endormir. Stratégiquement, tu as tout à gagner à fixer l'heure de ton réveil et à te coucher quand ton corps te le réclame. Pour t'en convaincre, je laisse Audrey (retrouve son témoignage complet après ce chapitre) te faire part de son expérience: "

"Je n'ai plus peur d'aller me coucher car je sais que je vais trouver le sommeil assez rapidement. Ce qui fait que je vais naturellement dormir plus tôt. C'est une révélation pour moi. Longtemps j'ai cru que pour se lever plus tôt, il fallait d'abord aller se coucher plus tôt. Mais ça ne fonctionnait pas pour moi.

Je pouvais rester des heures dans mon lit sans trouver le sommeil. Je prenais le problème à l'envers, tout simplement. "

Sois AUTODISCIPLINÉ - La première cause d'abandon du réveil maximal est une heure de coucher non adaptée. Tu veux vraiment mettre la vie dont tu rêves en jeu pour une vidéo à la con sur Facebook que t'as même pas demandé à voir?

Tu sais à quelle heure tu dois aller dormir puisque tu sais à quelle heure tu veux te réveiller et combien de temps tu as besoin de dormir (le GRAND minimum est de 7h). Quand c'est l'heure, va dormir. Point barre.

Ne réfléchis pas.

Ne négocie pas.

Ne sors pas d'excuses à la con.

VA. JUSTE. DORMIR.

C'est exactement parce que tu n'as PAS envie d'aller dormir qu'il faut y aller. Ton cerveau n'est pas rationnel à ce moment là. Ne l'écoute pas. Il est sous l'effet de shoots massifs de dopamine délivrés par les contenus que tu consommes dans la soirée. N'oublie pas qu'en introduisant de la technologie, des écrans, des réseaux sociaux et du loisir à volonté dans ta vie, tu ouvres aussi la porte à une panoplie de techniques de captation et de manipulation qui bousillent ton temps de sommeil. C'est un vrai cheval de Troie. Rappelles toi que la discipline commence dès le soir. Mobilise-la sans concession pour envoyer balader tout ce qui entrave l'action, ou en l'occurence, le repos, dirigé vers ta réussite.

Sois régulier - Il est crucial que tu aies un rythme de sommeil régulier c'est à dire que tu te couches et te réveilles à des horaires fixes (si bien sûr cela est compatible avec tes contraintes, voir chapitre 12). C'est ce qui permet à ton horloge biologique de se caler sur des moments précis et pouvoir préparer chaque jour ton corps à la fois au coucher et au réveil. Tu t'assures que ces deux phases se passent dans les meilleures conditions et d'avoir un quota de sommeil réparateur suffisant. Sur le long terme, ça t'aide à bâtir des niveaux d'énergie plus conséquents d'éviter tous les effets délétères cités plus tôt.

Ton rythme de sommeil est un équilibre fragile et complexe entre les mécanismes d'endormissement, tes activités, ton environnement et tes émotions. Une fois en place, fais ton maximum pour le respecter et éviter les écarts. Il y en aura, c'est sûr, mais évite les au maximum et garde ces "*jokers*" pour des moments qui en valent vraiment la peine comme des grandes occasions ou des soirées de qualité avec tes proches.

Crée un environnement propice au sommeil - La chambre c'est fait pour deux choses: dormir et faire des bébés (ou au moins s'entraîner) Rien d'autre.

Ne fais pas l'erreur d'inonder ta chambre de tout ce qui pourrait te distraire quand c'est l'heure de dormir. N'y mets pas ton bureau qui pourrait te rappeler le travail et ses soucis. Évite la farandole de petits appareils en veille dont la lumière infime est suffisante pour perturber ton sommeil. Et, le plus important, ne fais pas entrer le loup dans la bergerie: laisse tous les écrans en dehors de cette pièce. Non seulement, ils captent ton attention et volent ton temps mais ce sont aussi des canons à lumière bleue qui inhibent la sécrétion de mélatonine et t'empêchent physiquement de dormir.

Quand c'est l'heure d'aller au lit, dépose tout à l'entrée de la chambre et allonge toi dans ton lit propre et frais, dans une pièce à 19°C au maximum, plongée dans le noir. Si tu as du mal à t'endormir, tu peux lire un livre pas trop captivant. Laisse mère Nature faire et tu devrais rapidement basculer.

Bannis les grasses mat' - Quand tu es en manque de sommeil, tu penses qu'une grasse matinée pourra réparer les dégâts et rattraper ta dette. C'est une très mauvaise idée. Tu ne peux avoir un sommeil vraiment réparateur que quand les deux processus de sommeil sont en phase, c'est à dire quand tu vas dormir en étant fatigué pendant une phase du cycle circadien propice à l'endormissement. Or, les moments de grasse matinée correspondent à une partie du cycle naturellement favorable à l'éveil (entre 7h et 10h). Si tu ajoutes les éléments extérieurs qui jouent sur la qualité de ton sommeil comme le bruit ou la lumière ambiante, ton sommeil est loin d'être optimal et il a un très faible effet réparateur.

Retiens que la grasse mat' est une solution médiocre à un écart exceptionnel. Rien de plus. Ce n'est pas la solution magique qui peut contrebalancer ton manque d'autodiscipline sur le sommeil. Arrête immédiatement de flinguer tes soirées en pensant que dormir 2h de plus le samedi et le dimanche va tout réparer. Si tu veux vraiment te réveiller en pleine forme, si tu veux arrêter de subir tes journées parce que t'es complètement crevé, si tu veux savoir ce que ça fait de VRAIMENT avoir de l'énergie, mobilise ton autodiscipline pour avoir un quota de sommeil suffisant tous les jours.

TOUS. LES . JOURS.

C'est du bon sens. Ton problème quotidien requiert une action quotidienne. Arrête de chercher les raccourcis et de croire aux miracles. Assume la responsabilité de ton besoin de sommeil.

Fais la sieste - Il est bien dommage que la sieste ne soit pas partie intégrante de notre culture et qu'elle ne soit pas encouragée par les pouvoirs publics. Il existe pourtant de nombreuses études[16] qui montrent le rôle protecteur que peut jouer une sieste de moins de 30 minutes contre les effets délétères de la privation de sommeil.

En plus, une courte sieste permet:

- d'améliorer les performances mentales ou les apprentissages surtout chez les jeunes ou chez les adultes en privation de sommeil,
- de réduire le stress en diminuant la pression sanguine et la concentration en cortisol (hormone du stress),
- de rétablir l'attention et la concentration donc de gagner en sécurité et en efficacité,
- de diminuer les risques de maladies cardiovasculaires.

La sieste devrait d'autant plus être encouragée qu'elle correspond à un creux de vigilance présent naturellement dans notre cycle circadien aux alentours de 14h. Cette somnolence de début d'après-midi est d'autant plus forte si tu es en privation de sommeil ou si tu la combines à l'hypoglycémie postprandiale que tu ressens après un gros repas (le fameux coup de barre quand t'as bien mangé). Il a été démontré que faire une sieste à ce moment là est le meilleur moyen de diminuer la pression homéostatique et donc de se sentir reposé, reboosté. C'est même plus efficace que le café. D'ailleurs, si tu veux optimiser les deux effets, tu peux prendre un café avant de dormir 20 minutes. À ton réveil, tu bénéficieras à la fois des effets bénéfiques de la sieste et des effets tonifiants du café qui commencera à passer dans ton sang.

Attention! La durée de la sieste est un facteur primordial.

---

16 Faraut B, et al., Napping: A public health issue, Sleep Medicine Reviews (2016), http://dx.doi.org/10.1016/ j.smrv.2016.09.002

• La sieste de moins de 15 minutes est celle qu'il sera plus facile de pratiquer dans n'importe quel environnement et même au travail. Elle n'a aucun effet néfaste au réveil, permet de maintenir ta vigilance et tes capacités d'attention dans la journée et permet une restauration légère de tes performances. C'est celle-ci que je pratique au quotidien et que je t'encourage à faire.

• La sieste de 20 à 30 minutes est à pratiquer si tu as connu une nuit agitée ou si tu es en légère dette de sommeil. Elle permet une meilleure restauration de tes performances mais au prix d'une légère inertie au réveil, c'est à dire qu'il te faut quelques minutes pour émerger. Celle-ci est à réserver au jour suivant un coucher un peu plus tardif que d'habitude.

• La sieste qui dure entre 1h et 1h30 c'est de l'artillerie lourde. C'est celle qui permettra une plus grosse restauration de tes performances en terme d'attention, de mémoire ou de prise de décision. Mais là tu te sentiras complètement déphasé au réveil et tu risques de perturber le sommeil de ta nuit. Elle est à pratiquer exceptionnellement en cas de nuit blanche ou de nuit courte.

Chaque fois que j'évoque la sieste avec mes coachés, ils sont d'emblée réticents parce qu'ils sont justement dans ce paradigme que la sieste est un truc de fainéants ou qu'elle doit durer 2h et te casser. Je leur donne alors à eux le même conseil qu'à toi: va t'allonger en début d'après-midi avec un compte à rebours de 20 minutes. Quand il sonne, applique tous les conseils que tu mets en place pour le réveil du matin (voir chapitre

11) et sors du lit! Ne te laisse pas prendre au piège de repousser ton alarme à ce moment-là parce que tu risques de partir une sieste longue qui, elle, ne te fera vraiment pas du bien si tu n'en as pas besoin. Après 20 minutes, tu ne récoltes aucun effet néfaste, au contraire, tu te sens vraiment reposé et frais comme après une bonne nuit de sommeil.

D'ailleurs, si tu n'as pas 20 minutes devant toi, sache que même une sieste de 10 minutes ou moins peut te faire un bien fou. N'hésite surtout pas à pratiquer.

Fais du sport avant 10h - Ta température corporelle a un effet puissant sur ton sommeil car celui-ci nécessite qu'elle s'abaisse de 1 à 2°C. Or il a été prouvé que la pratique d'une activité sportive avant 10h 2 à 3 fois par semaine favorise la diminution de la température corporelle de 0,5°C à 1°C au moment du coucher. A l'opposé, la pratique d'une activité physique accompagnée d'une augmentation de ta température corporelle trop proche du coucher retarde l'endormissement. Donc, si tu as des problèmes de sommeil ou si tu veux en augmenter la qualité, évite de faire du sport à moins de 2h de ton coucher et privilégie tes séances le matin avant 10h.

***

J'espère vraiment qu'à la fin de ce chapitre je t'aurais aidé à prendre conscience de l'importance cruciale de ton sommeil et qu'appliquer les conseils que je t'y ai donnés te permettra d'en retrouver un de qualité.

Dans le chapitre suivant, on va parler d'un autre pilier de notre énergie qui a été rongé par notre mode de vie moderne et la sédentarisation: l'activité physique.

RETIENS SURTOUT ÇA.

- **Ton corps a un besoin vital d'une quantité suffisante d'un sommeil de qualité.**
  C'est le seul moment où il peut récupérer et se régénérer.

- **Négliger ton sommeil** c'est t'exposer à des **maladies graves** et à la **mort.**

- **Pratique le réveil maximal et adopte un rythme régulier de sommeil** pour en améliorer à la fois la qualité et la quantité.

- **Le soir, sois à l'écoute de ton corps** et va dormir quand le sommeil arrive.
  Supprimer les écrans 1h avant l'heure de coucher te permet de **bien capter les signaux du sommeil.**

- **Bannis les grasses mat' de ta vie et de ton vocabulaire.**
  Si t'es fatigué, fais preuve de plus d'autodiscipline sur ton sommeil.
  Ne cherche pas de raccourcis ou de solution miracle à ta faiblesse dans la grasse matinée.
  C'est une solution médiocre qui te fait perdre du temps.

- Si tu le peux, **fais une courte sieste de 20 minutes maximum en début d'après-midi.** C'est un vrai médicament naturel.

Audrey

36 ans, Nutrithérapeute et Ingénieur, 6h15.
@feedgood.audrey

Je n'imaginais pas qu'un jour je serais heureuse de mettre mon réveil plus tôt pour être debout avant le reste de la maisonnée.

J'ai l'impression d'avoir un bonus sur ma journée, du temps supplémentaire que je peux mettre à profit pour faire ce qui me tient à cœur. Plutôt que de démarrer dans l'effervescence et la course contre la montre du matin, je profite sereinement du calme et de la tranquillité que m'offre le réveil maximal. Je m'offre ce cadeau tous les jours de la semaine, même le week-end, et ça me remplit de fierté.

J'ai participé au challenge pour me sentir boostée et pour m'engager à le faire auprès de quelqu'un car ce serait mentir de dire le contraire : ce n'est pas facile!

Il faut de l'autodiscipline et un **POURQUOI** puissant pour faire taire la part de soi, plus ou moins grande selon les jours, qui veut te faire rester au lit parce que c'est doux et confortable. S'engager auprès de quelqu'un a été une ressource supplémentaire pour me lever les matins où c'était plus compliqué. En réalité, il n'y a qu'un effort à faire : sortir de son lit. Une fois que c'est fait, c'est gagné. C'est un mauvais moment à passer qui est vite oublié.

Non seulement je récupère du temps le matin, mais, en plus, je dors mieux et je m'endors beaucoup plus facilement. Je n'ai plus peur d'aller me coucher car je sais que je vais trouver le sommeil assez rapidement. Ce qui fait que je vais naturellement dormir plus tôt.

C'est une révélation pour moi.

Longtemps j'ai cru que pour se lever plus tôt, il fallait d'abord aller se coucher plus tôt. Mais ça ne fonctionnait pas pour moi. Je pouvais rester des heures dans mon lit sans trouver le sommeil. Je prenais le problème à l'envers, tout simplement.

C'est une belle expérience, et les bénéfices sont tels que je continue bien sûr à me lever tôt.

Il n'y a rien à perdre et tout à gagner à tenter l'aventure, alors pourquoi s'en priver ?

15. BOUGE!

"Le sport ne fait pas vivre plus vieux, mais vivre plus jeune."

Anonyme

Comme pour le sommeil, le mode de vie moderne t'a fait perdre la connexion avec ton besoin de bouger et ça a des grosses répercussions sur ton corps. Seulement, il ne tient qu'à toi de les contrer pour péter la forme et foncer vers ta vie MAXIMALE. Voyons ça ensemble.

Les ravages de la sédentarité.

On a évolué pendant deux millions d'années en étant des chasseurs-cueilleurs qui passaient leur temps à courir, sauter, grimper, nager pour survivre, s'abriter et se nourrir. L'activité physique est inscrite dans notre ADN. Notre tendance à bouger a été rongée une première fois quand on est passé d'un mode de vie nomade à sédentaire même si l'activité physique globale restait relativement élevée grâce aux travaux manuels, à la marche ou à l'équitation. Depuis les révolutions industrielles et plus particulièrement depuis 50 ans, c'est une catastrophe. Le développement technologique, la mécanisation des tâches, la modernisation des moyens de communication et de déplacement ont radicalement changé nos conditions de vie. L'environnement urbain, où vit la majorité de la population, ne favorise plus les déplacements à pied. Aussi, la virtualisation des communications et des échanges, grâce à l'explosion de la téléphonie et d'Internet, contribue à réduire les rencontres physiques, les jeux, les loisirs actifs et autres activités sociales. On est passés du stade où l'activité physique était cruciale à la survie à un stade où elle est devenue optionnelle. Entre le lit, les (mauvais) repas à table, les trajets en voiture, les heures assis au bureau, les heures affalés dans canapé, on passe le plus clair de notre temps complètement inactif. On en est arrivés au point où l'activité physique quotidienne moyenne d'un humain est équivalente à marcher 800 mètres[17]. 800 mètres, tu te rends compte?

C'est catastrophique parce qu'un un tel niveau d'inactivité induit un état de repos qui ne stimule pas suffisamment les organes pour les entretenir et réguler leur fonctionnement. Oui, tu as bien lu. On en est arrivés au point où on utilise même plus suffisamment notre corps pour assurer son bon fonctionnement. Il finit par s'encrasser et toi, par mourir à petit feu. L'Organisation Mondiale de la Santé a classé l'inactivité physique comme le quatrième facteur de risques de décès dans le monde[18]. Elle est aussi la cause principale de 21 à 25% des cancers du sein et du colon, de 27% des cas de diabète , de 30% des cardiopathies ischémiques (les artères bouchées). En plus, l'inactivité physique favorise ou aggrave l'obésité, l'hypertension, l'ostéoporose, la lombalgie et l'asthme.

Rester inactif affecte également ton psychisme et ta santé mentale. Puisque tu ne sais plus ce que c'est, tu perds goût à l'effort et ça peut induire chez toi une intolérance à la frustration, une perte d'estime et de confiance en toi donc une mauvaise représentation de ta propre

---

17 Sacco F, Golay A. Pourquoi nous n'aimons pas le sport ? Genève : Médecine & Hygiène, 2012.

18 Stratégie mondiale pour l'alimentation, l'exercice physique et la santé. OMS. https://cutt.ly/rmvm-rapport-oms

image. Dans les cas les plus graves, l'inactivité physique peut mener à la dépression, la démence ou à des comportements addictifs.

En somme, moins tu bouges, moins tu te sens bien et forcément moins t'as envie de bouger. C'est un cercle vicieux qui nuit gravement à la santé individuelle et publique. Un cercle vicieux clairement incompatible avec la notion de vie MAXIMALE dans lequel tu ne dois surtout pas être.

Le miracle de l'activité.

Bouger apporte des gains massifs à ta santé et si tu reprends une activité physique soutenue entre 30 et 80 ans, tu augmentes ton espérance de vie de 7 ans[19].

C'est 7 ans de plus à pouvoir profiter de ta vie MAXIMALE.

7 ans de plus à pouvoir profiter de tes proches.

7 ans de plus pour consolider ton héritage.

Tu connais le meilleur dans l'histoire? Pour une fois, la solution est simple ET facile. Redevenir actif et combattre les effets nocifs de la sédentarité ne te demande que peu d'efforts. Ça te demande simplement de bouger ton corps 30 minutes par jour. Idéalement, il faudrait que tu le fasses en continu mais, à défaut, tu peux fractionner cette durée en plusieurs moments dans la journée. C'est déjà excellent.

Le plus important est que tu le fasses quotidiennement. Bouger doit faire partie intégrante de ton hygiène de vie pour deux raisons principales. La première est chimique. Quand tu as une activité physique continue pendant 20 minutes, ton corps libère un cocktail de

19 Actes de la Conférence ministérielle européenne de l'OMS sur la lutte contre l'obésité. L'alimentation et l'exercice physique pour la santé. Istanbul. Novembre 2006. Réf. EUR/06/5062700/10.

1004 molécules protectrices qui sont excellentes pour ta santé[20] à l'image de l'irisine qui diminue de 40% les risques de maladies cardiovasculaires, de nombreux cancers et de maladies neurodégénératives comme la maladie d'Alzheimer. Seulement, ces molécules ont une durée de vie de 24 heures. Donc, pour jouir des effets puissants de ce cocktail chimique de jouvence, tu n'as pas d'autres choix que de bouger chaque jour. C'est comme te brosser les dents: ça marche si tu le fais quotidiennement et non une seule grosse fois une fois par semaine. La seconde raison est comportementale. Maintenant que tu sais comment fonctionne une habitude, tu comprends que te discipliner à bouger chaque jour installe cette pratique sur le long terme et rend plus facile son exécution. Ça te permet de l'intégrer naturellement à ton organisation et de t'assurer de bichonner ta santé chaque jour.

C'est quoi bouger?

Bouger ton corps ce n'est pas forcément aller à la salle pour soulever de la fonte ou courir à cracher tes poumons. Bouger ton corps c'est tout simplement t'activer en conscience, avec conviction et ne pas rester dans une position de repos statique. Tu peux le faire en marchant d'un bon pas, en faisant le ménage, en montant des escaliers, en faisant les courses, en jouant avec tes enfants, etc.

Si tu décides d'aller plus loin et bouger un peu plus fort en faisant du sport, là, non seulement, tu réduis les effets délétères de l'inactivité mais en plus tu récoltes une foule de bienfaits pour ta santé. C'est comme si tu reconnectais ton corps à sa nature et son fonctionnement. Ça ne lui fait que du bien. Pratiquer du sport te stimule et te renforce parce que ça améliore ton état physique, ta souplesse, ton endurance,

20 On est jamais mieux soigné que par soi-même, Dr Frederic Saldmann, 2020

ton équilibre, ta puissance, ta rapidité et ton mental. Aussi, le sport te permet de fortifier tes articulations, tes muscles, tes os et ton système cardiovasculaire, ce qui réduit de 31% tes chances de faire un infarctus. Il te permet aussi d'éliminer les toxines produites par le fonctionnement de ton corps (tu te vois vivre chez toi sans jamais sortir les poubelles?) et de booster ton immunité. Ça te permet également de perdre de la masse grasse et gagner en masse musculaire tout en améliorant ta régulation glycémique c'est à dire ta capacité à mieux gérer le sucre et à l'utiliser pour te fournir de l'énergie. Enfin, c'est le fonctionnement global de ton corps qui est optimisé puisque cela te permet de mieux réguler ton appétit et de mieux dormir. Par ailleurs, quand tu pratiques du sport, ton corps sécrète des endorphines, de la dopamine, de l'ocytocine et de la sérotonine qui te donnent une sensation de bien-être, de plaisir, d'accomplissement et provoquent un effet euphorisant. Sur le long terme, ça t'aide à avoir une meilleure humeur, une plus grande facilité à gérer le stress, une meilleure perception de toi même et forcément une plus grande confiance en toi.

Pour pratiquer depuis des années et pour voir les effets excellents sur ma niaque au quotidien, je t'encourage à 1000% à te lancer dans une activité sportive. Les effets sont trop puissants pour être négligés. Si tu ne fais pas de sport, t'es tout simplement en train de t'asseoir sur le meilleur médicament du monde. C'est le truc qui peut changer ta vie du jour au lendemain. Sérieusement.

Pour ma part, je pratique du HIIT. C'est un acronyme anglais pour High Intensity Interval Training ou entraînement par intervalles à haute intensité. C'est une activité sportive par fractionné qui consiste à enchaîner des périodes de travail intense, en faisant des mouvements au poids du corps, et des périodes de repos très courtes. Ce type d'entraînement intense est très exigeant et ne conviendra pas à tout le monde dans sa philosophie mais il est aussi très rentable. En 2006, une étude canadienne[21] comparative entre deux groupes de cyclistes a montré que 2,5 heures d'entraînement à haute intensité permet le même gain de performances que 10,5 heures d'entraînement classique. Une autre étude canadienne[22] montre, elle, que l'entraînement par intervalles à haute intensité permet aux sujets de perdre en moyenne 9 fois plus de masse grasse que les sujets suivant un entraînement d'endurance classique.

Quand j'ai eu mon déclic et que j'ai voulu optimiser mon temps pour me reprendre en mains, le HIIT, avec ses arguments massue m'est apparu comme la solution parfaite. C'est un sport qui amène de bons résultats pour un faible investissement en temps. Il a donc toute sa place dans un matin maximal.

Peut-être te conviendra-t-il également? Il te suffit d'essayer.

Et si ça ne te convient pas, tu trouveras facilement de quoi bouger en faisant des recherches sur Internet. Tu trouveras en ligne des milliers si ce n'est des millions de programmes de sport divers, de yoga, de course à pieds, de stretching pour tous les niveaux, gratuits ou payants. Ce qui est certain c'est que si tu ne bouges pas encore au quotidien, ce n'est pas par manque de ressources.

Donc, en groupe, seul, avec ou sans matériel, intense ou doux, dans l'eau, sur terre ou en l'air… Peu importe ce que tu aimes et tu recherches dans le sport, l'important est que tu te lances et que tu te disciplines à pratiquer 30 minutes par jour. C'est le plus GROS cadeau que tu puisses faire à toi-même, à ton entourage et à ta vie MAXIMALE.

---

21 Gibala, M.J., Little, J.P., Van Essen, M., Wilkin, G.P., Burgomaster, K.A., Safdar, A., Raha, S. and Tarnopolsky, M.A. (2006), Short-term sprint interval versus traditional endurance training: similar initial adaptations in human skeletal muscle and exercise performance. The Journal of Physiology, 575: 901-911. doi:10.1113/jphysiol.2006.112094

22 Tremblay A, Simoneau JA, Bouchard C. Impact of exercise intensity on body fatness and skeletal muscle metabolism. Metabolism. 1994;43(7):814-818. doi:10.1016/0026-0495(94)90259-3

Fais-en une priorité.

Rappelle toi, ton corps est le porteur de tes projets et le pilier de tes proches.

Tu peux vraiment te permettre de le négliger, tu peux vivre avec la décision consciente de ne rien faire pour en prendre soin parce que t'as la flemme ou que t'as pas envie de transpirer?

Tu veux vraiment crever à petit feu parce tu privilégies le confort à ta santé?

Je te garantis que tu peux t'assurer de bouger 30 minutes par jour si tu en fais une priorité. Et si avoir une santé explosive et ressentir un bien-être profond n'en est pas une pour toi, je me demande bien qu'est ce qui pourrait l'être. Alors, BOUGE!

***

Dans le prochain et dernier chapitre, on va se pencher sur le troisième pilier fondamental pour soutenir une énergie maximale: ton alimentation.

RETIENS SURTOUT ÇA.

- Ton corps a connu dans toute son évolution une **activité physique intense** nécessaire à la survie de l'espèce. **Il est câblé pour bouger.**

- **L'activité physique est le meilleur médicament** que tu puisses donner à ton corps aussi bien sur le **plan physique** que **psychique**.

- Notre **mode de vie moderne** pousse à une **sédentarisation sévère,** très mauvaise pour ta santé.
  À tel point que si tu ne bouges pas, ton organisme s'encrasse, devient gravement malade et crève à petit feu. **Tu DOIS bouger.**

- Ton corps est le vaisseau de tes projets, de tes interactions, de tes expériences, de ta VIE.
  Tu dois en faire une priorité ABSOLUE.
  Si tu ne le fais pas pour toi, fais le au moins pour tes proches: qu'ils n'aient pas à assister trop tôt à ton enterrement ou s'occuper de toi H24 parce que t'as chopé une maladie grave.

- **DÉTRUIS LES EXCUSES.**
  Tu sais que tu AS du temps.
  Tu peux trouver une infinité de programmes sur Internet.
  Tu n'as pas besoin de matos pour transpirer.

  BOUGE!

Ingrid

30 ans, Coach, Auteure et prof de Yoga, 5h30.
@grassforpillowfr

Je pratiquais le Miracle Morning depuis 2015, à ma sauce, au cours de la journée car j'étais persuadée de "*ne pas être du matin*" ! Il m'a aidée à relever de nombreux défis : courir un marathon, écrire un livre, quitter mon job pour faire le tour du monde, me reconvertir en coach pour écrivains et j'en passe ... MAIS il me manquait quelque chose.

Créer mon entreprise s'est avéré chronophage et j'avais l'impression de travailler 24h/24. J'avais trouvé le temps de travailler sur le métier de mes rêves, mais pas à ma vie MAXIMALE.

Le challenge de Xavier est arrivé à point nommé et m'a permis de réaliser que ma vie MAXIMALE, c'était aussi prendre du temps pour moi, mes rêves, mes proches. Il m'a permis de réaliser la durée de sommeil dont j'avais vraiment besoin et de consacrer ma matinée aux choses qui me font vraiment du bien : méditer, promener ma chienne, pratiquer le Miracle Morning en toute sérénité. J'ai gagné un temps précieux et un état d'esprit en béton.

16. MANGE MIEUX

"Que ton aliment soit ta seule médecine."
Hippocrate

T'as déjà vu un guépard obèse? Je parie que non, parce que la nature est bien faîte et que ça n'existe pas. Tout simplement.

Les animaux sauvages n'ont pas accès à une surabondance de nourriture. C'est même plutôt l'inverse, ils doivent produire des efforts monstrueux pour se nourrir. C'est tellement dur qu'ils ne peuvent se permettre de dépenser inutilement de l'énergie pour un repas dont ils n'ont pas besoin. De fait, ils ne mangent que lorsque c'est nécessaire en se servant dans ce que la Nature a à leur offrir.

Nous? Dans notre arrogance humaine, on a tout fait pour nous éloigner de ce mode de vie naturel et ça donne la catastrophe sanitaire qu'on connaît aujourd'hui.

Dans ce chapitre, je vais t'expliquer pourquoi tu dois faire particulièrement gaffe à ce que tu manges et te donner quelques recommandations simples pour maximiser ton énergie via le pilier de l'alimentation. C'est primordial parce que sans énergie maximale, pas de vie MAXIMALE.

Y'a rien qui va.

Tu comprends d'emblée que rien ne va quand tu réalises un truc: on est la seule espèce sur Terre à devoir faire preuve de volonté pour ne pas grossir. Enfin, pas vraiment la seule, puisqu'on a aussi réussi à bousiller la vie de nos animaux de compagnie en leur donnant une nourriture non adaptée. Mais puisque c'est de notre faute, on va dire qu'on est la seule espèce animale qui a un problème avec la bouffe sur cette planète.

Dans la Préhistoire, notre relation à la nourriture était la même que celle des animaux sauvages. On devait chasser et cueillir ce que la Nature mettait à notre disposition et ça allait très bien. La preuve est que toi et moi existons. Si on avait besoin d'une nourriture plus abondante et plus riche, l'espèce se serait éteinte, tout simplement.

La première rupture avec notre mode de vie naturel a eu lieu avec la sédentarisation, l'agriculture et l'élevage il y a 10 000 ans. D'un coup, il n'était plus vital de chasser. La nourriture était disponible à volonté contre une bonne dose de travail manuel. Les choses ont vraiment pris un tournant catastrophique depuis le début du 20ème siècle avec l'apparition de l'industrie agroalimentaire, des pesticides et des additifs qui ont ouvert le champ de la rentabilité et de la nourriture transformée voire ultra-transformée.

En ramenant l'évolution de notre espèce sur 2,5 millions d'années à l'échelle d'une année, le 1er janvier correspondant à l'apparition du genre "Homo" et le 31 décembre minuit étant le moment présent, la nourriture moderne apparaîtrait le 31 décembre à 23h39. C'est beaucoup trop récent pour que notre corps ait eu le temps de s'adapter à cette violente mutation. En fait, tout se passe comme si on avait transporté dans le temps le corps d'un homme préhistorique et qu'on le gavait de sucre, de gras, de conservateurs, d'additifs, de colorants, d'exhausteurs de goût et autres joyeusetés chimiques. Forcément, ça part en sucette (je suis particulièrement fier de ce jeu de mots :D).

Le principe de discordance.

Dans un article[23] paru en 1985, le docteur Boyd Eaton a appelé le principe de discordance le décalage qu'on fait subir à notre corps entre ce qu'on devrait lui donner pour qu'il fonctionne correctement et ce qu'on lui donne réellement. Pour lui, c'est une des origines principales des maladies de civilisation. Ce sont des maladies qui étaient rares voire inconnues jusque là et qui sont apparues de par notre mode de vie moderne. Il s'agit de l'obésité, du diabète de type 2, de l'hypertension, des maladies cardiovasculaires, de caries dentaires ou encore des cancers du côlon et de la prostate. Ces maladies restent, même encore aujourd'hui, inconnues des peuples chasseurs-cueilleurs ayant un mode de vie proche de ceux des hommes du paléolithique. Le cas des aborigènes d'Australie est très intéressant car il permet de se rendre compte de ce processus sur une échelle de temps assez courte. Ils ont subi une forte dégradation de leur santé en 50 ans en passant d'un mode de vie traditionnel à un mode de vie occidentalisé avec l'introduction de sodas et de nourriture industrielle dans leur environnement. Dans son film *"Sugarland"*, Damian Gameau le constate en passant 4 jours dans une communauté aborigène à Amata. Les membres lui expliquent comment l'arrivée de l'homme blanc et de ses produits sucrés a causé la mort de personnes de moins de 40 ans suite à des maladies cardiaques ou métaboliques alors que, jusque là, les seules causes de la mort parmi la communauté étaient le grand âge ou

---

23 S.Boyd Eaton, Melvin Konner, Marjorie Shostak, Stone agers in the fast lane: Chronic degenerative diseases in evolutionary perspective, The American Journal of Medicine, Volume 84, Issue 4, 1988, Pages 739-749, ISSN 0002-9343, https://doi.org/10.1016/0002-9343(88)90113-1.

les accidents. Sur ce même thème, une étude[24] australienne de l'université de Melbourne va plus loin en montrant qu'en reprenant un mode de vie traditionnel sur 7 semaines, *"les principales anomalies métaboliques de diabète de type 2 ont été soient grandement améliorées soient complètement normalisées par le court processus de désurbanisation"* dans un groupe de 10 aborigènes diabétiques volontaires de la communauté Mowanjum.

Je crois que c'est assez clair. Notre alimentation nous rend gros et malade. Et c'est exactement ce que tu veux éviter quand tu cherches à vivre ta vie MAXIMALE.

Tu es ce que tu manges.

Pour comprendre à quel point il est essentiel de prendre soin de ton alimentation, tu dois réaliser une chose simple mais cruciale:

TU ES CE QUE TU MANGES.

Tu l'as déjà entendu des dizaines de fois mais tu ne t'es peut-être jamais rendu compte à quel point c'est vrai.

Pour assurer les fonctions du quotidien, son bon fonctionnement et ta survie, ton corps doit faire avec ce que tu lui donnes. Rien d'autre. Il peut synthétiser la plupart des substances dont il a besoin, mais pour ça il faut lui donner les ingrédients de base. S'il ne les a pas il ne peut pas les produire par magie. Il existe aussi quelques molécules qu'il ne peut

24 Marked Improvement in Carbohydrate and Lipid Metabolism in Diabetic Australian Aborigines After Temporary Reversion to Traditional Lifestyle, Kerin O'dea, Diabetes Jun 1984, 33 (6) 596-603; DOI: 10.2337/diab.33.6.596

pas synthétiser et que tu dois lui fournir via une alimentation saine. C'est par exemple le cas des fameux Oméga-3. Ce sont des acides gras poly-insaturés essentiels pour le bon fonctionnement de ton système cardiovasculaire, ta rétine, ton système nerveux et qui ont un effet positif sur ta santé mentale (le nom fait peur mais crois-moi c'est très bon pour la santé. Insaturé, veut juste dire "*qu'il reste des places*" sur la molécule et que ton corps va pouvoir interagir chimiquement avec elle).

Si ton alimentation ne fournit pas les nutriments essentiels au bon fonctionnement de ton corps, c'est tout à fait logique qu'il ne fonctionne pas correctement, que tu souffres de carences, que tu connaisses des baisses d'énergie, que tu souffres d'un un état général amoindri et de graves dysfonctionnements. Là où c'est traître, c'est que ça se fait sur le long terme et sans que tu constates une dégradation immédiate de ta condition après avoir mangé quelque chose de mauvais. Il n'y a pas de message d'alerte qui retentit quand tu croques dans un cookie. Bien au contraire. La dose massive de gras et de sucre provoque une réaction de plaisir disproportionnée qui inhibe ta vigilance. Du coup, tu ne vois aucun inconvénient à en faire une petite habitude plaisir sans te rendre compte des dégâts que tu fais sur ton corps. Petit à petit, celui-ci s'encrasse et se colmate jusqu'à arriver à un point de rupture où il arrête de fonctionner, soit en partie et tu n'as "qu'une maladie grave", soit complètement et tu meurs.

Chaque aliment qui passe par ta bouche a un impact sur ta santé. Rien ne peut traverser ton corps sans être digéré, décomposé et assimilé. Tu peux fermer les yeux, souhaiter très fort ou prier qui tu veux que tu puisses manger ton cookie "*gratuitement*", c'est à dire sans impact métabolique, ça n'arrivera pas. C'est comme quand tu lances un caillou dans une mare. Il fait des vagues à tous les coups. C'est à toi de décider si ce que tu manges va faire des vaguelettes que ton corps pourra gérer et garder un équilibre ou un tsunami qui va le défoncer. Encore une fois, le deal est très simple: les résultats les meilleurs pour toi sur le long terme viendront avec de l'autodiscipline. Tu n'as pas d'autre choix que de porter une attention constante et particulière à ton alimentation si tu veux avoir une santé et une énergie maximales.

Les 3 problèmes graves de l'alimentation moderne.

Les problèmes avec notre alimentation moderne se cristallisent autour de 3 points essentiels.

La fraîcheur - On mange de plus en plus d'aliments bourrés de conservateurs dont le rôle est de stopper la prolifération bactérienne et d'en augmenter la durée de vie. Le souci est qu'on connaît encore peu l'impact de ces conservateurs sur les bonnes bactéries qui constituent notre flore intestinale, celle que les médecins appellent la pharmacie du corps. Ce sont les millions de micro-organismes qui tapissent l'intérieur de ton intestin et qui vivent en symbiose avec ton corps. Ils jouent un rôle essentiel dans ton transit, ta digestion et ta défense immunitaire. Ils se nourrissent de fibres et de nutriments et libèrent dans ton corps des molécules essentielles au bon fonctionnement de celui-ci. Leur rôle est tellement essentiel que les recherches montrent qu'un déséquilibre important de ce microbiote peut participer au développement de maladies inflammatoires chroniques de l'intestin, des troubles métaboliques comme le diabète de type 2 ou l'obésité, le cancer colorectal ou encore certains maladies neurologiques.

En consommant régulièrement des aliments contenant des conservateurs dont le rôle est de tuer des bactéries, tu fais entrer le loup dans la bergerie. Même si on ne sait pas exactement dans quelle proportion, il n'est pas délirant de penser que ces conservateurs dégradent ce milieu essentiel à ta bonne santé qui est composé de … bactéries.

Ce microbiote est d'une importance tellement cruciale que se développent de plus en plus des pistes de recherches et de business autour de la transplantation de microbiote fécal. Oui, tu as bien lu. Ça consiste à introduire les selles d'un donneur sain dans le tube digestif d'un receveur pour rééquilibrer sa flore intestinale altérée pour traiter certaines pathologies. Et pour pénétrer ton tube digestif, il n'y a que deux entrées. J'ai pas besoin de te faire un dessin.

Du coup, tu as le choix. Tu peux dès aujourd'hui faire preuve d'autodiscipline et redéfinir tes priorités pour consommer des produits frais et bons pour toi, ou, tu peux choisir de continuer à manger de la merde au sens figuré en prenant le risque de devoir en manger de la vraie plus tard. Personnellement, j'ai fait mon choix.

La diversification - Là où on devrait diversifier notre alimentation pour en extraire tous les minéraux, les vitamines et les nutriments dont on a besoin, on fait tout l'inverse en concentrant notre prise calorique autour de 3 grandes céréales que sont le blé, le maïs et le soja. Aussi, les processus de transformation participent grandement à la destruction des nutriments restants et on se retrouve de plus en plus à manger des calories vides. Ce sont des "*aliments*" qui n'apportent à ton corps qu'un concentré d'énergie et aucun avantage nutritionnel supplémentaire. Typiquement, quand tu manges ton cookie, tu ne te nourris pas. Tu prends du plaisir, des calories et un gros shoot de cochonneries. Cette raréfaction des nutriments pose également un problème à ton microbiote. Si les micro-organismes ne trouvent pas de quoi se nourrir dans une alimentation trop peu diversifiée ils meurent et cela apporte les complications citées plus haut.

La dénaturation - C'est le fait que l'aliment ait une forme éloignée de celui qu'il avait à l'origine par un procédé de transformation et de densification important. Ce procédé devenu très commun dans notre alimentation moderne est une vraie catastrophe à l'origine de l'épidémie d'obésité mondiale.

Pour nos ancêtres, la nourriture était rare. Du coup, quand ils en trouvaient, pas de chichis, ils mangeaient tout ce qu'ils pouvaient sans forcément chercher à la transformer.

Aujourd'hui, la nourriture qui n'est plus seulement transformée mais hyper transformée en est bien loin. On mange régulièrement des aliments reconstitués, concentrés en calories et très éloignés de ce qu'ils étaient à la base. T'as déjà vraiment réfléchi à ce qu'était du pain de mie, une barre chocolatée ou du riz soufflé au chocolat? C'est un ensemble de produits naturels à la base, chacun transformé de son côté avec l'ajout des additifs et des conservateurs qui vont bien et qu'on agrège ensemble sous une forme qui te plaît mais qui masque ce que c'est vraiment ou ce que ça apporte à ton corps. Inutile de te préciser que dans un souci de rentabilité, chacun de ces ingrédients du processus est choisi de la qualité minimum suffisante assurant le critère vendable défini par l'industriel.

Regarde, par exemple, ce que tu trouves dans des M&M's:

Sucre, cacahuètes, pâte de cacao, lactose écrémé en poudre, lactose et protéines de lait, beurre de cacao, matière grasse de palme, matière grasse du lait, amidon, sirop de glucose, matière grasse de karité, émulsifiant (lécithine de SOJA), stabilisant (gomme arabique), colorants (E100, E120, E133, E160a, E160e, E171), dextrine, agent d'enrobage (cire de carnauba), huile de noix de coco, sel, arômes.

Le premier ingrédient est le sucre. GAME OVER d'entrée. Le sucre est lui-même déjà un produit transformé dont on ne cesse de découvrir les dégâts qu'il a sur le corps humain. Viennent ensuite les cacahuètes qui est le seul ingrédient entier et naturel. La suite de la liste d'ingrédients? De la chimie. Résultat, tu n'as aucune idée de ce que tu manges et tu ne te rends pas compte de ce que tu fais subir à ton corps. Il y un gouffre gigantesque entre ce que tu penses avaler et ce qui pénètre ton organisme. Ça court-circuite complètement sa capacité à comprendre ce qu'il ingurgite et à t'envoyer les bons signaux de satiété. De fait, tu peux très facilement avaler des quantités indécentes de cochonneries et de calories que ton corps n'est pas conçu pour assimiler.

À l'opposé, quand tu manges un pomme de 100g, tu le fais en toute conscience parce que ça te demande un effort pour la croquer et la mâcher. Cette pomme t'apporte 53 kCal, 85g d'eau, 11g de sucre, 2g de fibre, des vitamines C, E, B1, B2, B3, B5, B6, B9 ainsi que du calcium, du phosphore, du magnésium, du potassium, du manganèse, du zinc, du cuivre et du sélénium. Après cette pomme, tu es calé et ton corps est correctement nourri. Aussi, pour couvrir ton apport énergétique journalier de 2000 kCal, tu devrais en manger 40. Bon courage.

Par comparaison, il te faut seulement 400g de M&M's pour avoir ton quota de calories quotidien. 400g c'est un paquet de taille moyenne. Tu sais, ce paquet que tu peux t'enfiler en piochant dedans comme un zombie devant une série parce que ça a un goût de "*reviens-y*". En avalant cette quantité de bonbons, tu t'envoies la dose colossale de sucre de 216g là où l'OMS préconise de ne pas dépasser les 25 grammes par jour. Dans le même temps, tu assimiles une énorme dose de mauvaises graisses, de conservateurs et d'additifs et zéro élément nutritif. Une vraie catastrophe.

Autre exemple, pour consommer l'équivalent de la quantité de sucre contenu dans une bouteille de soda de 1 litre, il faudrait que tu manges entièrement 2 mètres de canne à sucre. Le truc impossible.

Tu te rends compte du tour de magie désastreux que l'Homme a réussi avec la transformation et densification? Si tu consommes régulièrement des produits industriels (tout ce qui a un code barre en gros, oui, même tes céréales "*santé*" du petit déjeuner), tu fausses les informations envoyées à ton corps et ça te cause une longue série de problèmes. Pour couronner le tout, tous les produits industriels sont très faibles en fibres, ce qui achève d'affaiblir ta flore intestinale.

Il est urgent qu'à travers l'alimentation, comme avec le sport et le sommeil, tu te reconnectes à la Nature .

Mieux manger avec des gestes simples.

Si tu veux booster tes niveaux d'énergie par l'alimentation, je te conseille de suivre ces recommandations simples.

Pratique le "Moins mais mieux" - Jusque là, j'ai diabolisé les petits plaisirs sucrés et les bons gueuletons en te disant de toujours être dans le contrôle. Tu vas finir par croire que je te demande d'arrêter de vivre. C'est loin d'être le cas. Je suis un grand gourmand comme toi, et, je pense aussi qu'il est essentiel de se faire plaisir. Ce que je te conseille pour concilier les deux est de pratiquer le "*moins mais mieux*". Diminue les occurrences des petits plaisirs que tu t'accordes et adopte une alimentation saine et disciplinée au quotidien. Accorde toi, au maximum 3 fois par semaine, des plaisirs qui valent le coup des calories vides et des cochonneries que tu mets dans ton corps. En gros, au lieu de prendre un pain au chocolat industriel dégueulasse tous les matins, réserve toi le plaisir de déguster THE viennoiserie de la meilleure boulangerie du coin le dimanche. C'est un conseil que j'ai appliqué à moi-même quand j'ai arrêté de prendre chaque jour les pizzas passables de la cantine du boulot et que je réservais ce plaisir pour une pizza de qualité dans un bon restau italien.

Tu vois, comme très souvent, le problème réside dans l'excès et la fréquence. Te faire plaisir 3 fois par semaine aura peu d'incidence sur ta santé. Ce qui est nocif c'est de ne t'imposer aucune autodiscipline au quotidien et succomber à la gratification immédiate à chaque fois que tu passes à table.

Crois-moi, si tu te fais plaisir à chaque repas en pensant "*on ne vit qu'une fois*", tu vas vite t'en rendre compte, en effet.

Bois de l'eau. Uniquement et beaucoup. - Ton corps en a un besoin vital. Tu es constitué à 65% d'eau en moyenne. Ce taux monte à 75% pour ton cerveau et à 79% pour ton sang. Si tu manques d'eau c'est à la fois tes capacités cérébrales et cardiovasculaires qui sont diminuées. Pas top quand tu cherches à péter la forme pour aller chercher ta vie MAXIMALE. Garde à proximité une gourde d'eau et bois très régulièrement même si tu n'as pas soif. Je t'encourage à prendre l'habitude de boire deux verres d'eau avant chaque repas. Avec 3 repas par jour ça t'assure déjà de boire 1,5 litre d'eau dans la journée.

Aussi, vire de toute urgence de ton quotidien toute boisson sucrée de type soda, sirop ou jus de fruits. Oui, même les jus de fruits. Oui, même s'ils sont faits maison. Même si tu as l'impression de te faire du bien, ils restent un condensé du sucre extrait de plusieurs fruits qui passe très rapidement dans ton sang et crée un pic d'insuline qui stresse ton corps. Si le jus de fruits est industriel c'est encore pire car le procédé de stérilisation pour assurer sa conservation détruit la plupart du peu de nutriments qu'il restait. Si, vraiment, tu veux boire un jus végétal, fais-le toi même et assure toi qu'il soit constitué au moins de 60% de jus de légumes.

Évite le sucre ajouté sous toutes ses formes **-** Je poursuis le conseil ci-dessus en l'étendant à tous les produits qui contiennent du sucre ajouté.

Évite comme la peste tous les bonbons, confiseries, biscuits, pâtisseries et gâteaux industriels, etc... Tous ces "*aliments*" n'en sont pas. Tu le sais maintenant, ce sont des assemblages monstrueux de produits de faible qualité, hyper transformés dans un processus industriel optimisé pour le profit et non pour ta santé. Ta santé c'est le cadet des soucis des industriels.

Si tu veux ne pas être tenté de les grignoter, c'est très simple, n'en achète pas. Ne les tolère pas dans ton environnement. Ne passe pas dans les rayons sucreries au supermarché. Et si jamais tu y passes par erreur, rappelle toi que ton envie d'acheter le produit ne vient pas de toi. Elle est provoquée par les sirènes du marketing. Garde à l'esprit que ça n'a rien de bon à t'apporter et qu'une fois sorti du magasin, tu les auras oubliés. Compte sur ton AUTODISCIPLINE.

Achète un maximum de produits frais, locaux, de saison et, si possible, bio - C'est grâce à eux que tu feras le plein de vitamines et de nutriments. Les acheter frais et de saison t'assure qu'ils ont été cultivés dans des conditions idéales et qu'ils n'ont pas subi de procédés de conservation pour supporter un long voyage vers ton assiette depuis l'autre bout du monde. Ça permet de préserver leur goût et un maximum de leurs nutriments. Par ailleurs, ce geste te permet de soutenir une action écoresponsable en réduisant la quantité d'eau nécessaire à la culture des végétaux hors saisons, en diminuant la pollution due aux transports, en diminuant le gaspillage des tonnes d'aliments qui ne supportent pas le voyage et en limitant les déchets d'emballage. En plus, ton action permet aussi de soutenir les producteurs locaux et de connaître un peu mieux dans quelles conditions ont été produits les aliments que tu manges.

Eh oui! Dans notre économie mondialisée, le choix de tes ingrédients implique énormément de choses. C'est pas simple mais on doit faire avec si on veut s'assurer qu'il reste quelque chose pour nos enfants.

Cuisine toi-même - Contrôle maximal, vie maximale. C'est aussi simple que ça. Quand tu cuisines maison, tu gardes la main sur ce que tu mets dans ton corps. Tu contrôles la qualité et l'origine des ingrédients via la traçabilité notamment pour la viande et le poisson et ça te permet de privilégier une filière ou une méthode en particulier, plus en accord avec tes valeurs. Tu contrôles les quantités de sel et de sucre, ce qui est primordial pour limiter les risques d'hypertension et de diabète. Aussi, tu contrôles les conditions d'hygiène, ce qui est loin d'être le cas quand tu consommes des produits industriels ou des plats tout prêts. Les lasagnes au cheval et les infections à l'E.Coli par des steaks surgelés d'une chaîne discount, tu t'en souviens?

Fais gaffe aux proportions - Ton assiette va finir dans ton estomac. Ton corps va devoir faire avec. Il faut que tu lui envoies les bonnes choses dans les bonnes proportions. En ce qui concerne les "*bonnes*" choses, le débat est vaste parce qu'il existe autant de façons de s'alimenter qu'il y a d'être humains. Je ne souhaite pas m'étendre sur le sujet ici, tu trouveras largement de quoi te documenter sur Internet et dans les librairies.

Cependant, je pense qu'il y a des fondamentaux à respecter quelque soit ton régime alimentaire. Ne mange pas de glucides en excès de façon à éviter de stocker sous forme de graisse l'énergie que tu n'utilises pas et donc de développer des maladies associées. Privilégie les sources de "*bon*" gras (oléagineux, huiles végétales par pression à froid, poisson gras issus d'une pêche durable,...) sans en abuser car le gras apporte beaucoup de calories (9kCal/g). Consomme suffisamment de protéines qui ont un rôle structurel vital dans l'organisme et qui créent la sensation de satiété qui t'empêche de grignoter. Tu devrais en manger à chaque repas , surtout si tu pratiques une activité physique. Tu peux consommer des légumes à volonté. Ils sont bourrés d'éléments nutritifs pour ton corps tout en contenant de très faibles quantités de glucides et de lipides. Ce sont tes meilleurs amis.

En ce qui concerne la quantité, il faut jouer autour du fait que tu es conditionné à finir ton assiette. Choisis donc sa taille de façon à ce qu'elle soit adaptée à tes besoins et que tu n'engloutisses pas à chaque repas un énorme surplus de nourriture.

Mange lentement et ne te ressers pas même si tu as faim après avoir fini. Le truc est que lorsque ton estomac est plein, l'information met 20 minutes à arriver à ton cerveau. Si tu attends de te sentir "*plein*" pour arrêter de manger, ça veut dire que tu manges beaucoup plus que ce que tu devrais. Prends l'habitude de terminer ton repas en ayant toujours un peu faim. Au pire, si tu as toujours un creux au bout de 20 minutes, tu peux te resservir.

***

Ha la la… La bouffe. C'est la vie. Littéralement.

Et c'est parce que j'aime bien manger que je suis dépité de voir ce que l'Homme arrive à faire comme conneries avec les produits miraculeux de la Nature. C'est un vrai désastre que les industriels, poussés par un mercantilisme intenable, ne cessent de faire grossir. Ils arrivent, en plus, à nous caresser dans le sens du poil pour nous le faire avaler. Mais à quel prix?

Les conséquences sur ta santé et notre planète sont catastrophiques à un degré qui dépasse l'entendement. Il est urgent que tu reprennes le contrôle de ce qui entre dans ta bouche si tu veux à la fois soutenir l'énergie nécessaire pour conquérir ta vie MAXIMALE et espérer laisser un monde potable à tes enfants.

J'ai l'humble espoir que les mises en garde et recommandations que tu as lues dans ce chapitre vont t'y aider. Je t'assure que si tu prends des mesures préventives et saines, tu verras rapidement la différence. Je compte sur toi.

RETIENS SURTOUT ÇA.

- **Notre alimentation moderne est loin d'être adaptée au bon fonctionnement de notre corps.**
  On te demande de ne pas donner de pain aux canards parce que c'est mauvais pour eux et on fait infiniment pire avec nous-même. Va comprendre.

- Les **3 gros problèmes de notre alimentation**: elle est **bourrée de conservateurs**, elle est **trop peu diversifiée** et la **densification des calories** due à l'hypertransformation **fausse les informations reçues par ton corps.**

- **"Tu es ce que tu manges"** c'est plus concret que tu ne l'imagines. Pour se construire et vivre, ton corps doit faire avec ce que tu lui donnes.
  Si tu le nourris mal, il fonctionne mal. C'est aussi simple que ça.

- Pour mieux manger, tu peux suivre ces **6 recommandations de base:**
  1- Diminue les plaisirs mais augmente-en la qualité.
  2- Bois de l'eau uniquement et en abondance.
  3- Bannis de ton quotidien le sucre ajouté sous toutes ses formes.
  4- Cuisine toi-même.
  5- Mange le maximum de produits frais, bio, locaux et de saison
  6- Ne cherche pas à te remplir l'estomac à chaque repas.

Marie-Michelle

27 ans, coach business en ligne, 6h00.

Avant, j'avais tout le temps le sentiment de manquer de temps. Et puis le confinement est arrivé et j'ai découvert Xavier sur Instagram. Il aura suffi de deux vidéos pour qu'il me convainque de changer mes habitudes. Après tout, le confinement était une période particulière qui se prêtait bien à ce genre de décisions.

Alors que je me levais rarement avant 9h00, c'est désormais près de 3h de temps précieux que je récupère chaque jour en me réveillant à 6h00. Je commence ma journée de travail plus tôt, je la termine plus tôt.

Me lever plus tôt m'apporte également une réelle satisfaction car j'ai le sentiment d'avoir pris le contrôle de ma vie et de moins me laisser guider par mes instincts flemmards. De plus, le fait d'avoir adopté le réveil maximal m'a permis de prendre conscience que je suis capable de bien des choses et je m'en souviendrai lorsque j'aurai d'autres défis à relever.

À TOI DE JOUER!

Aïe, Aïe, Aïe... Si tu savais comme ce livre est loin d'être fini pour moi. Il y a tellement de choses que j'aimerais fignoler, autant que j'aimerais ajouter. Je ne suis pas sûr d'avoir éliminé toutes les coquilles. J'ai l'impression d'avoir loupé des passages entiers...

STOP!

Pour conclure ce livre, je vais faire ce que j'ai fait depuis le début: suivre mes propres conseils. Au moment où je t'écris ces mots, ça fait 10 mois que j'y travaille quotidiennement, et, chaque jour, j'ai encore envie de changer ou de fignoler des choses. Je cherche à faire... parfait.

GRAVE ERREUR! Tu le sais maintenant.

Je décide donc d'arrêter là en me disant que fait est mieux que parfait et que je peux sortir le livre en toute tranquillité parce que j'ai tout fait pour que le message passe à 80%.

Seulement, pour être honnête, je n'ai aucune idée de l'accueil qui lui sera réservé et c'est terrifiant.

EXCELLENT. Ça veut dire que je suis sur la bonne voie et que quoiqu'il arrive j'aurais appris et grandi grâce à cette expérience. De toute façon, j'aurais progressé vers ma vie MAXIMALE parce que j'aurais réalisé mon rêve dingue d'écrire un livre. WOW! Ça fait une chose de moins à regretter le jour de ma mort. Hehehe. Bravo moi!

Alors, même si j'ai peur, même si je sais que ce bouquin ne sera jamais aussi bien à mes yeux que ce que j'aurais voulu, je le sors avec fierté pour les deux raisons qui m'ont poussées à l'écrire:

1. Te montrer qu'**il est possible de réaliser et vivre des grandes choses depuis son quotidien.**
2. **T'aider à le faire** en te donnant la méthode que j'utilise chaque jour.

C'est un peu comme si je sautais à l'élastique avant toi pour te montrer que tu peux y aller, tu vois?

Je n'ai pas la prétention de croire que ce livre va changer ta vie. J'espère juste qu'il va t'aider à en reprendre le contrôle pour que tu puisses enfin en faire ce que tu vois dans tes rêves. Pour que tu puisses enfin réaliser ce qui te chatouille au fond des tripes.

Pour que tu commences enfin à vivre VRAIMENT.

N'oublie pas que ton temps est compté et qu'il est de ton entière responsabilité de choisir chaque jour d'évoluer ou de stagner. Évidemment que c'est dur mais c'est ce qui rend la chose belle. C'est ce qui va rendre ton quotidien excitant, loin de celui que tu peux avoir si tu te laisses porter par une vie de facilité et d'ennui.

Au moment où je tape ces derniers mots avec émotion, j'aime l'idée que ce livre t'a peut-être apporté quelques déclics et techniques qui vont te faire avancer sur tes projets et avoir une vie plus épanouie. J'aime l'idée que, quelque part, j'aurais rendu ce monde meilleur.

J'ai hâte que tu adoptes à ton tour le mode de vie RMVM et que, toi aussi, tu te nourrisses de cette satisfaction quotidienne de grandir et de changer le monde à ton échelle. C'est un sentiment incroyablement fort.

Si tu passes à l'action (que ce soit le matin ou pas) et que tu l'expérimentes, j'aimerais beaucoup que tu m'en fasses part en m'écrivant sur Instagram où tu me trouveras avec @xavier.clain ou par mail à contact@xavierclain.com

Aussi, si tu décides de te lancer dans le réveil maximal et que tu veux te donner toutes les chances d'y arriver, je t'invite à le faire en relevant mon défi Réveil matinal, vie maximale dont tu trouveras tous les détails sur xavierclain.com. Ça te permettra également de rejoindre la communauté de tous ceux qui se battent au quotidien pour leur réussite.

Parce que n'oublie pas, peu importe l'adversité, l'important est que tu montes une marche jour après jour.

Tu ne sais pas quand, mais tu arriveras au sommet. C'est garanti.

Montons cet escalier ensemble.

Je compte sur toi.

Xavier.

PS: tourne la page pour découvrir comment tu peux m'aider à changer le monde ;)

AIDE MOI À SAUVER DES VIES!

Si t'es arrivé jusque là, je me permets de supposer que c'est parce que **tu as apprécié ce que tu as lu** et que t'es hyper motivé à opérer des changements dans ta vie pour la rendre MAXIMALE, n'est ce pas?

Si c'est vraiment le cas, **sache que tu as le pouvoir de rendre un IMMENSE service à deux personnes.**

1 - À celui ou celle qui découvrira ce livre grâce à ta recommandation.

2 - À moi-même, en m'aidant à le faire connaître à un maximum de gens et contribuer à mon rêve de rendre ce monde meilleur, une personne à la fois.

Pour ça, je t'invite d'abord à en parler, à le partager, à le donner, à l'offrir, à le prêter…

Ensuite, je te demande de bien vouloir **laisser une note et un commentaire honnête sur Amazon** pour aider les personnes qui hésitent à lire mon livre à s'en faire un avis grâce à ton retour.

Tu peux le faire en passant directement par ce lien:

https://cutt.ly/avisRMVM

Ta critique sera peut-être celle qui convaincra quelqu'un de lire mon livre et donc, potentiellement, de changer sa vie.

Alors, juste avant que tu ne refermes ce livre je souhaite t'adresser un grand **MERCI** pour lui avoir consacré de ton précieux temps et un autre **MERCI,** encore plus grand, pour celui que tu vas dédier à rédiger un avis.

ANNEXES

A. MÉTHODE RMVM: LA FICHE SYNTHÈSE

Parce qu'une petite fiche c'est toujours pratique.

1- FAIS LE POINT SUR TA SITUATION ACTUELLE

Utilise la roue de la vie pour évaluer les aspects les plus importants de ta vie (famille, amis, amour, travail, argent, santé, loisirs, spiritualité, environnement, etc.).

Il est primordial que tu sois **HONNÊTE** avec toi-même. Ça te permettra d'avoir une vision claire de ta situation, de tes points forts et, au contraire, de ceux que tu dois travailler à améliorer pour atteindre ta vie MAXIMALE.

2- DEFINIS TA RÉUSSITE

Il y a autant de définitions de la réussite qu'il y a d'être humains. C'est le moment de réfléchir à la tienne et de la poser sur le papier.

Encore une fois, ici, sois **HONNÊTE.** Ne te bride pas. Résume en une phrase (même longue) la façon tu voudrais VRAIMENT vivre ta vie. Rappelle toi que **t'en auras qu'une** et que c'est pas un brouillon.

Ne renonce pas à y inclure des rêves juste parce que tu ne sais pas encore comment t'y prendre. Crois-moi, avec le bon état d'esprit et beaucoup de travail, tu trouveras un moyen.

3- DEDUIS EN DES OBJECTIFS

De ta vision d'une vie maximale, définis des objectifs lointains (5 ans et plus) dans chacun des aspects de ta vie. Grâce à la méthode donnée dans le **chapitre 8**, transforme ces derniers en objectifs SMART quotidiens.

4- DÉTRUIS LES CHAQUE JOUR

Tu as du temps et tu as des objectifs. Tu n'as plus qu'à passer à l'action. **Discipline toi à réussir** en atteignant les objectifs de ta feuille de route chaque jour. À la fin de la journée, tu seras plus proche de ta vie MAXIMALE.

Mets un ordre de priorité à tes objectifs en commençant par ceux qui auront le plus gros impact dans ta vie.

Tu peux travailler à tes objectifs à n'importe quel moment, mais, pour toutes les raisons évoquées au **chapitre 9**, je t'encourage fortement à exploiter la puissance du matin.

5- CRÉE TON MATIN SUR MESURE

Pour te créer un matin maximal sur mesure, utilise la méthode du matin à blocs expliquée en détail dans le **chapitre 10**.

Cette méthode, souple et simple, te permet de planifier quasiment à la volée un matin puissant qui te fera avancer.

C'est à toi de jouer maintenant. **ACTION!**

B. TA ROUE DE LA VIE

Note chaque aspect qui joue un rôle majeur dans ta vie. Je ne te les ai pas imposés pour te laisser la liberté de choisir.

Sois honnête dans ta notation, ça te permettra de savoir où tu en es **VRAIMENT**.

Les aspects qui reçoivent une note inférieure à 4 devraient être une priorité pour toi. Entre 5 et 7, il est nécessaire de les améliorer mais ce n'est plus une urgence. Au dessus de 8, ce sont les points forts sur lesquels tu peux t'appuyer pour t'améliorer autre part.

Fais cet exercice régulièrement pour évaluer tes progrès.

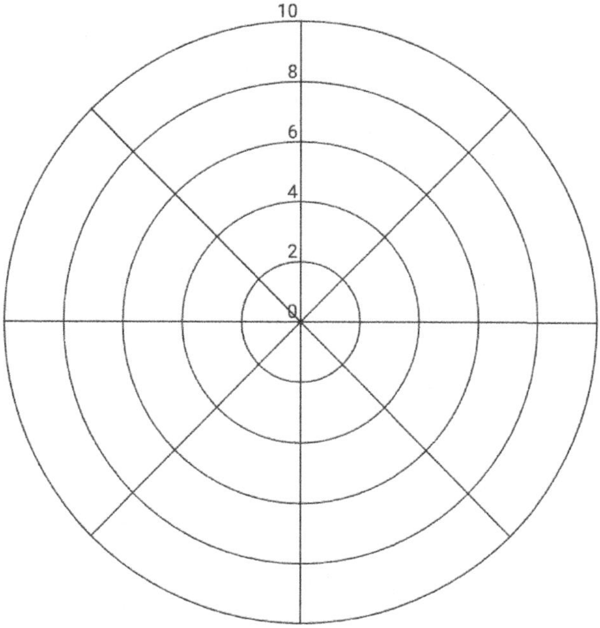

C. TA VIE MAXIMALE EN UN COUP D'OEIL

Écris ici ta vision d'une vie MAXIMALE.

Ne te bride pas et pose sur le papier comment serait **la vie que tu veux vivre VRAIMENT.**

....

....

....

....

....

....

....

....

....

....

....

....

....

....

....

....

D. TES "POURQUOI"

Rappelle toi, ça doit être des **motivations qui te remuent les tripes.**

Garde cette page sur ta table de chevet.

Le matin, **jette toi dessus** pour te rappeler **POURQUOI** tu as décidé de passer à l'action. Allez!

POURQUOI #1

POURQUOI #2

POURQUOI #3

POURQUOI #4

POURQUOI #5

E. TA FEUILLE DE ROUTE

De ta vision d'une vie MAXIMALE, **définis des objectifs lointains** dans chacun des aspects de ta vie.

Trouve ensuite une façon de rendre ceux-ci mesurables et **transforme les en objectifs SMART sous 5 ans** (voir chapitre 9). Découpe ces derniers pour définir des **objectifs sous 1an, puis 1 mois** et, enfin, des **objectifs quotidiens**. L'ensemble des objectifs quotidiens que tu dois atteindre pour te rapprocher de ta vie MAXIMALE est ta feuille de route. Tu n'as qu'à la suivre pour devenir jour après jour la personne que tu veux **VRAIMENT**.

Révise cette feuille de route régulièrement pour t'assurer de fournir les efforts dans la bonne direction.

Objectif #1 :...

....

Objectif #2 :...

....

Objectif #3 :...

....

Objectif #4 :...

....

Objectif #5 :...

....

Objectif #6 :...

....

Objectif #7 :...

....

Objectif #8 :...

....

F. TON PLANIFICATEUR

Commence par inscrire **l'heure de fin de ton matin.**

Prévois **10 à 15 minutes pour te réveiller complètement** avant d'attaquer le premier objectif et **5 minutes pour faire une pause** avant de passer au suivant.

Définis les objectifs sur lesquels tu vas travailler et le temps nécessaire qu'il te faut pour chacun.

Fais ensuite **un rétro planning** en plaçant tous tes blocs de temps pour en **déduire ton heure de réveil.**

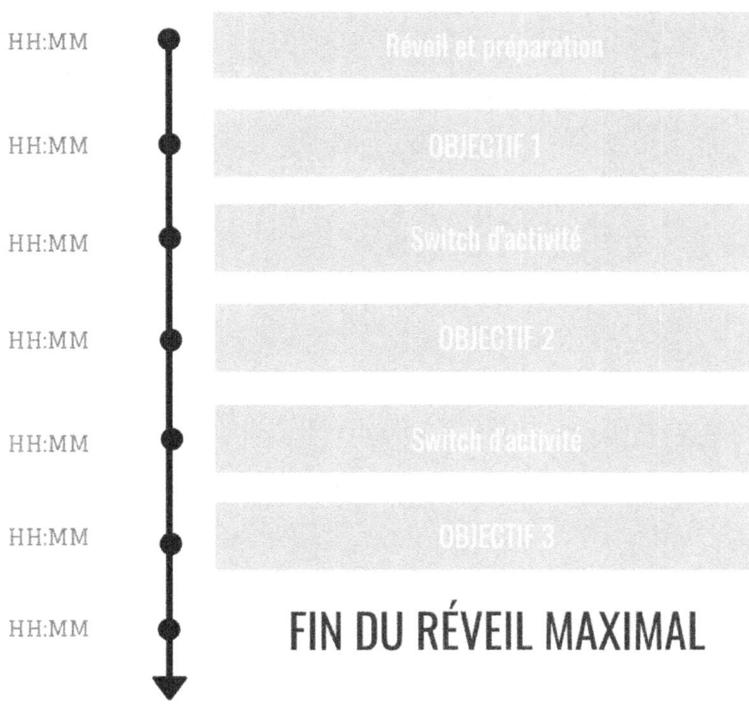

G. TON TRAQUEUR D'OBJECTIFS

Suis ta progression en cochant les jours où tu as atteint tes objectifs.

Si tu échoues trop souvent à réaliser un objectif, questionne à nouveau ton **POURQUOI** et/ou recalibre le.

Semaine n°

OBJECTIFS	L	M	M	J	V	S	D

Semaine n°

OBJECTIFS	L	M	M	J	V	S	D

Semaine n°

OBJECTIFS	L	M	M	J	V	S	D

Semaine n°

OBJECTIFS	L	M	M	J	V	S	D

H. TES NOTES

Printed by Amazon Italia Logistica S.r.l.
Torrazza Piemonte (TO), Italy

22719351R00182